汽车油泥模型设计与制作

U0371287

黄国林 ◎ 著　　黄斌 ◎ 主审

内 容 提 要

本书深入讲述了油泥模型在汽车设计开发过程中的作用价值，详细具体的介绍了汽车油泥模型的制作方法与设计思路，并且从美学角度、设计角度、工程角度立体地分析它们与油泥模型之间的关系，以及对中高级模型师的培训思路与方法。主要内容包括汽车油泥模型概述、前期概念创意模型、后期产品主导模型、最终设计呈现模型、数字、工程、风洞与油泥模型、设计美学与油泥模型、雕塑与油泥模型、油泥模型师的培养与发展。

本书是各大公司汽车设计人士、高等院校工业设计与汽车设计专业类师生、油泥模型师、设计师群体学习参考的有益教材。

图书在版编目（CIP）数据

汽车油泥模型设计与制作 / 黄国林著 . — 北京：人民交通出版社股份有限公司，2016.3

ISBN 978-7-114-12649-9

Ⅰ.①汽… Ⅱ.①黄… Ⅲ.①汽车—模型—设计—教材②汽车—模型—制作—教材 Ⅳ.① U46

中国版本图书馆 CIP 数据核字（2015）第 282956 号

Qiche Youni Moxing Sheji yu Zhizuo

书　　名	汽车油泥模型设计与制作
著 作 者	黄国林
责任编辑	夏　韡　李　良
出版发行	人民交通出版社股份有限公司
地　　址	（100011）北京市朝阳区安定门外外馆斜街3号
网　　址	http://www.ccpress.com.cn
销售电话	（010）59757973
总 经 销	人民交通出版社股份有限公司发行部
经　　销	各地新华书店
印　　刷	北京市密东印刷有限公司
开　　本	787×1092　1/16
印　　张	14.5
字　　数	270千
版　　次	2016年3月　第1版
印　　次	2024年1月　第3次印刷
书　　号	ISBN 978-7-114-12649-9
定　　价	69.00元

（有印刷、装订质量问题的图书由本公司负责调换）

作者简介

黄国林，景德镇人，2002年毕业于景德镇陶瓷学院美术系。现任泛亚汽车模型设计经理、主任工程师。带领模型设计团队完成了别克未来Ⅱ、GL8豪华商务车、新英朗、新赛欧等一系列通用汽车重量级车型开发项目，有着丰富的模型实战与管理经验。自2002年进入泛亚汽车以来，见证了模型师行业在中国汽车飞速发展的背景下茁壮成长的黄金十年。在汽车造型设计与油泥模型的深度与广度方面，有其独特的见解。

序

  中国汽车就产业规模而言，已居于世界第一，但就设计、工程等汽车研发的核心能力而言，与汽车发达国家还是存在不小差距。从发展趋势来看，提升自主开发能力与核心技术是我国汽车工业的必由之路，这样才能从真正意义上实现中国从汽车大国到汽车强国的蜕变。而要实现这个目标，就必须把汽车开发产业链上的每个环节都做精、做强，油泥模型就是设计开发链条上重要的一环。

  一台新车从前期架构总布置的确立到概念创意构想和最终产品的下线，国际上主流开发时间大概是四到五年。其中，油泥模型阶段主要集中在从概念创意的表现到数模数据发布的阶段，为期大约两年左右。油泥模型影响着造型设计的最终质量和开发周期，特别是在正向设计方面，油泥模型的作用尤其重要。

  泛亚汽车本土培养的油泥模型师黄国林利用自己大量的业余时间，创作了这本针对油泥模型专业而详尽的书籍。该书全方位地论述了油泥模型的作用、价值、制作方法、心得体会等，使读者通过阅读本书能够全面了解认知油泥模型。相信本书的出版定能带给汽车设计从业人员很大的帮助。

泛亚汽车技术中心有限公司执行副总经理

前　言

模型师在发达国家叫作Sculptor，是雕塑家的意思，他们的表现获得了国外设计公司的高度认可，但国内很多人包括许多模型师自身都把这份职业的定位仅仅停留在"技"的层面。笔者这十几年来一直在设计开发的一线前沿工作，深刻地感受到油泥模型完全不止于此，"技"并不能完全涵盖这份职业的特殊性。

大概十几年前，当虚拟数字技术蓬勃发展之时，像保时捷等厂家曾尝试过用数字技术代替油泥模型，但经过一系列的实验，并没有达到预期的效果，反而从中感受到油泥模型的特殊和不可替代性。居安思危，模型行业虽然逃过一劫，但若是裹足不前、不求创新发展、不与时俱进的话，被替代也是迟早的事，只有充分展现自己在设计领域不可或缺的积极作用，紧跟时代的步伐，才能在日新月异的世界中立足于未来。

抛开前文所述，之所以产生撰写本书的念头，还有以下几个直接原因。

（1）泛亚汽车自成立以来，一直坚定地走着正向设计开发道路，现在已经形成了一整套先进合理的模型制作流程体系，培养了一大批深有造诣的优秀模型师，但独木不成林，纵观中国整个模型行业，各个公司发展水平参差不齐，国内还没有一本成熟完整的油泥模型书籍可供学习参考，甚至在世界范围内，也没有一本系统、全面、有足够高度的油泥模型书，这对于油泥模型行业的整体发展，对于想了解油泥模型的其他行业人士，对于年轻模型师的学习与提高来说，都是一个巨大的遗憾，他们没有任何渠道接触先进的油泥模型理论，更不知道怎样才能成为一位优秀的油泥模型师，对于油泥模型在设计体系中所起到的作用，对于模型师这份职业的价值、意义与未来感到迷茫，这些都严重阻碍了模型整个行业的发展。

（2）笔者在入职之前学习了十余年的美术，在一线模型师岗位也工作了十多年，在管理岗位也有一定的经验，与欧洲、澳洲、美国、日、韩等世界多国模型专家有过广泛而深入的合作，也参观考察过多国油泥模型工作室，对油泥模型国际与国内的差距、上游与下游的相互影响有着比较全面的了解，对油泥模型的制作和认知有一些特别的理解和心得，同时在多年的工作中也积累了一定的经验教训，有时觉得这些东西不用文字表达出来，不与业界朋友分享实在有些遗憾，一直很期盼有个机会能和各位同仁交流切磋。

（3）2013年，别克未来Ⅱ荣膺德国Red Dot红点概念大奖，这是中国汽车第一次在世界舞台上囊括这项设计界的奥斯卡奖项。面对这个中国汽车的至尊荣誉，作为该款车型开发团队的核心成员之一，笔者有幸参与了所有环节，见证了这台车从无到有、从小比例油泥模型到整车模型、从概念的虚无到最终惊艳亮相的整个过程，并从这份经历中收获了太多宝贵的经验和感悟，希望能把这份成长的所得与大家分享，给各位同仁带去些许启迪。

（4）油泥模型自1930年正式引用到汽车开发上，到现在已经过了近一个世纪，国际水平发展得非常完善。中国从20世纪70年代末开始引进油泥模型技术，但到目前为止，中国模型行业的整体发展与世界领先水平还是有不小差距，诸多方面有待提高。笔者深知"天外有天，人外有人"的道理，特别是在技术行业，高人无处不在，中国并不缺乏优秀模型师，而国人特有的低调谦逊、埋头苦干的特质决定了很少有模型师的声音发出，但沉默对于行业的发展与未来是极其不利的。积水成渊，积小流成江海！希望本书能够起到抛砖引玉的作用，引来更多最强音，为中国汽车的自主开发、早日站上世界舞台之巅贡献绵薄之力。更何况中国现在已经是汽车产业的世界第一，有如此好的市场基础，又迎来了技术开发的大好时代，从现在开始，就要敢于在汽车开发领域发出声音、建立自信。自助者，天助之！

本书的写作思路分上下两部分，上半部首先论述油泥模型在汽车设计中的作用、地位、历史、现状，然后结合实际案例具体介绍油泥模型的制作过程和重点步骤，下半部分主要围绕着怎样成为一位优秀模型师这个主题，分别从雕塑、美学、设计、工程等角度，结合笔者十多年的从业经历一一进行阐述。选取的两个案例也是笔者亲身经历的两个重要车型项目，外饰造型是2013别克未来Ⅱ概念车，内饰造型是GL8豪华商务车，一个是概念车，一个是量产车，都比较有代表性。在时间轴方面，章节的编排秩序严格按照汽车开发流程的顺序，依次为从概念创意阶段的小比例模型，到产品主导阶段的全尺寸模型，再到最终设计呈现阶段的硬质模型。

技术行业就像武术门派一样，对于自己的绝技心得都比较保密，不愿向其他同行公开，彼此缺少交流沟通。当我打算做点事情，打破这块思想坚冰的时候，得到了泛亚汽车领导层的大力支持。泛亚作为中国汽车设计的航母和领军公司，一直引领着中国汽车正向设计开发，也一直肩负着为中国汽车自主研发贡献力量的民族使命感，这次勇于让笔者把公司的模型相关技术经验拿出来与业界分享，这份胸怀与担当值得令人尊重与敬仰！

在本书的创作与出版过程中，张志军、黄斌、曹敏、许斌、杜颖蓓、路晓丽等专家均做出了重要贡献，在此谨向您们以及诸多为本书提供过帮助的各位朋友深表感谢！

笔者深知一个道理：每当回头看曾经走过的路时，总能发现过往的种种不足，尤其是理论层面上的东西，只能说得上是某个时期内的一种沉淀，未必能持久。加上作者水平有限，书中难免会有不足和纰漏之处，还望各位专家读者批评指正。

黄国林

2015 年 10 月

目　录

第一章　汽车油泥模型概述　/ 1

第一节　油泥模型的种类和作用 …… 4
第二节　油泥模型所需材料、设备、工具及使用方法 …… 7
第三节　油泥模型启动前所需输入条件 …… 21

第二章　前期概念创意模型　/ 24

第一节　Proportion Model（比例模型）…… 25
第二节　外饰小比例模型制作 …… 30
第三节　内饰小比例模型制作 …… 53

第三章　后期产品主导模型　/ 60

第一节　外饰全尺寸油泥模型制作 …… 62
第二节　内饰全尺寸油泥模型制作 …… 81
第三节　论高光 …… 89
第四节　模型设计与制作细节 …… 94

第四章　最终设计呈现模型　/ 102

第一节　玻璃钢硬质模型制作 …… 103
第二节　别克未来Ⅱ蜕变记 …… 112

第五章　数字、工程、风洞与油泥模型　/ 118

第一节　数字与油泥模型 …… 119

第二节　工程与油泥模型 123
第三节　风洞与油泥模型 129

第六章　设计美学与油泥模型　/ 134

第一节　历史沉淀之美 136
第二节　理念风格之美 141
第三节　形式构成之美 147

第七章　雕塑与油泥模型　/ 162

第一节　点、线、面、体 164
第二节　空间与张力 181

第八章　模型师的培养与发展　/ 191

第一节　模型师的培养与发展 192
第二节　模型师的3.0时代 201

附录　/ 204

附录1　汽车部件图文对照 204
附录2　汽车设计专业术语中英文对照表 209

后记　/ 216

参考文献　/ 218

第一章　汽车油泥模型概述

——传说曾有一位模型师爱上了自己的模型，最终用一个吻将作品救活，这就是我的工作，"给予模型生命"

作为改变人们生活质量的产品，汽车已有一百多年的发展历史。从1886年1月29日德国人卡尔·本茨为其在1885年研制成功的三轮汽车申请专利开始，汽车就成为人们梦想的摇篮。随着时代的发展，人们几乎将所有的最新科技都运用在汽车上。汽车作为人们生活中必不可少的交通工具，其不仅仅为人们出行带来方便，其美观的造型也犹如艺术品一样点缀着人们的生活，成为一条靓丽的风景线。爱美之心，人皆有之，汽车造型的目的就是用美来吸引和打动消费者，使其产生拥有这辆车的欲望。某调研公司做过一次调研，其调研结果显示即使像汽车工程师这种特殊群体去买车，也会首先重点关注汽车的外观，可见汽车造型在消费者心目中的重要性。可以说"一个造型决定一款车的命运，一款车影响一家车企的命运"并不为过，因为造型就是这么重要，而油泥模型在造型设计过程中扮演了同样重要的角色，换种说法就是设计师决定了一款车的最初样貌，而模型师则决定了这个样貌的最终深度与维度。

油泥模型是通过仿真的方法用油泥材料表达汽车造型的一种载体。它比效果图更加立体真实、更加直观、更加有说服力。最早将油泥模型应用于汽车造型设计上的是通用汽车公司。20世纪30年代，通用公司的领导——厄尔将雕塑家的油泥引用到汽车上，用以塑造三维模型，再后来经过一系列的工艺改进，最终形成了现在的油泥模型。早期的模型多用木板和石膏为材料：其中木质模型特点是变形小、不易破损、可长期保存；石膏较便宜，但强度较低，不便于反复修改。随着油泥应用到汽车设计与开发的模型上，汽车设计便摆脱了受限于石膏和木板的历史。我国在20世纪70年代开始应用这项技术，并且几乎在当今所有世界知名汽车公司中，都是将油泥作为模型的首选材料。

油泥为何会成为汽车模型材料的首选呢？那是因为油泥在造型时具有方便随意、便于塑形和修改的特点。例如经过加热（如55～70℃）后的油泥，能轻易地敷在骨架泡沫上，冷却至室温，其表面会硬化，可用特制的刮刀、耙子等工具轻易地加工成型。而且油泥模型不易风干龟裂，其表面光滑，通过后期的表面装饰，能有效地展示造型方案。油泥模型是产品从纸上方案到量产的一个中间过渡环节，是设计师思维创意最形象、最直观的表达载体。二维图形无法真实地体现汽车造型的真实效果，模型师依照设计师提供的效果图和线图，将平面的草图和效果图立体化，用油泥覆盖在泡沫内芯上，制作出一个三维立体的汽车油泥模型，在这样的立体形态上，模型师使用相应的刮刀、刮片等工具对其进行形体塑造，并与设计师一起对车身形态和型面进行各种造型尝试、探索、比较和修改，充分推敲后确定方案，进而雕塑出汽车的外形和内饰，表现设计创意。除此之外油泥模型不仅仅只应用在汽车行业，其也在很多其他工业造型领域中被广泛地使用。

当温热的油泥握在手中，你会感受到一个生命的存在，感受到一种生命的力量。油泥模型的制作过程是让人最容易产生创作灵感与想法的时候。模型师和油泥一起在真实的三维空间里实现造车人心中的梦想，油泥模型上的每一条线、每一张曲面都异常真实，触手可及，这种感受与电脑的三维建模完全不同，电脑是冰冷的，充满距离感的；而油泥是温热的，是零距离可以直接触摸到的。设计师构思好效果图后，需要在一个真实的三次元空间中探讨车身形体、曲面和线条，油泥是堪担此重任的不二选择。

由于汽车外形是一个相对复杂的形态，设计师在设计上的许多细节，如凹凸的线条、不规则的曲面交接等，都很难在纸上或计算机屏幕上完全表达清楚，即使表达清楚了，平面的线条与立体的线条之间也会存在一定程度上的视觉差异。而通过油泥模型，可以使设计图上的明暗关系、形体关系转移到实际物体上。在三维空间中展现造型方案，可以给设计师和决策者带来直观的空间感受和真实的立体效果，消除了平面设计图上的视觉误差。

油泥模型处于造型阶段比较上游的环节，对下游或者并行的数字、工程甚至量产都有很大的影响，高质量的油泥模型能为其他团队带去许多帮助，对于缩短设计周期、节约开发成本和提高汽车的最终设计质量都有着重大影响。模型工作是在汽车总布置和车身总布置设计完成之后、汽车的尺寸确定之后进行的。通过油泥模型，设计师可以真实直观地表达其设计思想，准确地检验造型方案是否满足总布置的尺寸、人机工程及相关法规的要求。油泥模型是工程师和设计师之间的桥梁，设计师和工程师通过油泥模型可以更好地交流沟通，感性和理性被这根纽带完美的连接起来，从这个角度来说，模型师既要具备工程师的理性思维和工程素养，也要具备设计师的感性气质和美学修养。

油泥模型造型在汽车开发流程中是非常重要的一个阶段，是设计师深入再设计并最终实现的一个关键时期，这期间设计师可以发现构思和画图时没有注意到的问题，探寻新的创意。油泥模型制作不应该只是用手制作卡板（笔者较反感过多使用卡板做模型，长期如此会极大地磨灭、扼杀模型师的创造力、想象力）、拷贝线图图纸、复制设计师的思想，而应该更多地参与创造、设计，扮演一个模型设计师的角色。二维平面图在转化为三维模型后会出现许多问题，比如线与线的协调、面与面的融合、形态与体量的平衡等，这时候就需要模型师在空间中用大脑去思考三维形态，设计线、面、体在三维空间中的穿插走势，以及用这些元素构建合理完美的空间与形体，而这正是模型师从这项工作中能否感受到乐趣的关键所在。如果能够迈入这扇门槛找寻到这份职业的感觉与意义，那将"人泥合一，快乐无穷"，反之，则是"日复一日、年复一年地复制、拷贝、听指令"，模型工作也将变得枯燥乏味。这两者的差别在于，一个是主动性地创作，一个是被动性地复制，这种差别也是模型师职业生涯重要的分水岭。

在欧美许多公司，模型科室叫作模型设计，模型师叫作Sculptor，即雕塑家、造型师的意思，这充分反映了国际业界对于模型师在设计方面的高要求以及对他们能力的认可，模型师用自己娴熟的手工技艺和造型能力，将创意变成实实在在的模型，通过在模型上精心布局点、线、面、体，捕捉设计灵感，在空间上构建婀娜多姿的车身形态，进一步优化完善创意，使设计质量达到甚至超越设计师的目标，实现一个从无到有的转化。

汽车油泥模型设计与制作

第一节　油泥模型的种类和作用

一、油泥模型种类

模型的种类可按不同方面的要素进行划分。

按照功能用途可以分为外饰模型、内饰模型、展示模型、验证模型、风洞模型等。

按照大小尺寸来分，外饰模型有1:1、1:3、1:4等几种常见比例，内饰有1:1和1:2两种比例。

从汽车开发流程体系出发，根据模型使用的时间先后顺序可以分为前期概念创意模型、后期产品主导模型、最终设计呈现模型。

从材料上可以分为油泥模型、树脂模型、木制模型、石膏模型、金属模型等。意大利的不少车企现在还在使用木制模型和石膏模型，他们的木模和石膏水平属于世界顶尖水准。石膏模型是工业革命的产物，人们经常用它做人体模型，在建筑和装修上使用广泛。油泥模型由于在造型时方便随意，可塑性极强，得到了更多公司的采用，而且除了在汽车领域应用以外，其他许多工业造型界也都在广泛使用。

从工作量和工作程度上来说，模型又可以分为整车模型和局部更改模型。整车模型一般来说是针对全新开发的车型，局部更改模型主要针对在量产车上市几年之后，为了满足客户求新求变的需要，避免审美疲劳而做改型设计的车型。由于全新开发需要大量的资金、人力、物力和时间等，所以局部更改在保持车身骨架不动的前提下，只改发动机舱盖、保险杠或者灯形部分，通过局部造型更改，以最少的投入为消费者带去最大的视觉新感受。

二、油泥模型的作用

从模型师角度出发，汽车造型设计开发流程主要包括以下方面，如图1-1所示。

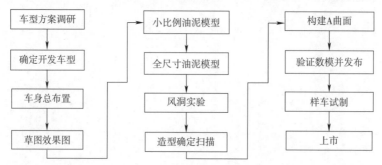

图1-1　从模型师角度出发的汽车造型设计开发流程

第一章　汽车油泥模型概述

汽车开发是一个复杂艰辛的过程，通常历时数年。在以上流程环节中可以看出，小比例模型、全尺寸模型、风洞试验、提供扫模数据和验证数模，都需要油泥模型来实现，并且油泥模型的时间周期占到总流程近一半左右，其作用和重要性由此可见一斑。

具体来说，油泥模型在汽车设计开发中的作用主要有以下几点：

（1）帮助设计师实现设计构想，即从二维到三维的转化。设计师的构思创意都是抽象的二维形态，只停留在平面的想象中。一个初始的设计想法大多不是很成熟，而且其从二维到三维的转化也是一个极其困难的过程，在这个过程中会遇到一系列问题，而油泥模型方便塑形和易于更改的材料特点，正是解决这些问题最好的途径与媒介，油泥模型给予了设计师反复推敲方案、优化改进创意的平台和空间。

（2）方便企业决策层做方案评估和筛选。一个造型方案的确定，一台新车的上市，都需要企业的决策层拍板定夺，但这么重大的事不可能对着二维的平面图纸或者仅仅坐在虚拟大厅里来做评估，三维立体的油泥模型具有高度仿真车的特点，让观者真实地感受到车的360度和纵深空间，这就决定了油泥模型是决策层做评审时最好的媒介。

（3）建立工程师和设计师的桥梁。油泥模型把理性和感性两个群体连接起来，让设计师和工程师通过模型更好地交流与沟通。工程师把他们需要的工程数据、法规要求通过油泥模型反映出来，设计师把他们脑海中的创意想法通过油泥模型展现给工程师，两者在油泥模型面前共同探讨商量，从而获得双向的平衡与彼此的兼容。

（4）为市场调研提供服务。设计方案的实施过程需要反复、多次地做市场调研，对目标客户群进行大量的数据采样，得出设计方案的市场可行性分析报告和符合市场的设计指导思想，这些调研活动都离不开油泥模型这个高仿真车的展示。

（5）为风洞实验提供有力的帮助。在能源危机、环保意识越来越强的今天，油耗风噪的降低对于汽车市场销量的影响逐步增大。风洞实验能够比较好地评估造型方案的风阻和噪声系数，提高车辆的燃油经济性。风洞实验除了需要进行计算机模拟之外，还需要进行物理模型的测试，从而得出更确切、更精准可靠的风洞数据，给设计师的方案优化和工程师的分析提供有益的参考，这些工作也同样需要油泥模型。

（6）帮助验证数模。一辆汽车从设计方案的确定到生产，需要有完整优质的数模数据，好的数模除了数字设计师的个人能力之外，还需要通过高频率地铣削油泥模型来反复验证数据，从而发现数模存在的问题，一次次地优化改进，最后得到高质量数模数据。

综上所述，油泥模型所承载的任务与所起的作用是巨大的，这也正是油泥模型在汽车开发过程中不可或缺的重要原因。随着时代的变革、汽车设计开发方法的革新，油泥模型的作用也将会动态地变化，未来，或许什么事都有可能发生！

第二节　油泥模型所需材料、设备、工具及使用方法

——"天有时，地有气，材有美，工有巧，
合此四者，然后可以为良"

一、油泥

油泥模型的核心材料为油泥，如图1-2所示。油泥的可塑性是其他材料无法比拟的，也是不可替代的。在模型师手中，油泥可以被随心所欲地塑造成各种具有生命力的形象，呈现出可想象但不可预测的效果，通过模型师的专业工作，油泥模型被赋予了独特的生命特征。

图1-2　油泥

目前市场上常见的标准工业油泥包括日本的圆形油泥和德国的方形油泥，同时中国企业也在大力开发油泥，并取得了一定的进步，另外有些汽车公司使用自己开发生产的油泥，比如像丰田公司使用的就是自己研发的油泥，他们的油泥绝不会离开丰田公司厂区，所以外界人士很难见到。工业油泥是油质的，质地细腻，能提供相当好的展示效果。其主要成分包括石蜡、硫黄、凡士林、少量颜料、润滑脂加进填充剂（如滑石粉等）等。不过现在一般使用的油泥都是无硫油泥，这种油泥不含硫黄，在气味与使用上较之以前有所进步，对人体也更健康，因为硫黄所散发出的气味对人体和电脑晶片都较为不利。油泥在正常室温下是硬化状态，可以刮削加工，加热后变软，可以塑形雕琢。油泥有随温度变化而伸缩的特点，当温度低于20℃或高于24℃时，膨胀系数会有较大的变化，而当温度在21～23℃时最稳定，也是最合适的工作温度，所以模型工作室的室温最好在这个区间范围内保持恒温。

二、骨架

用方钢、铸铁或铝架制作的骨架，可以增加模型精度，便于NC加工、测量和平台展示。骨架的设计要求包括：轮距、轴距、前后凸出部位都能自由调节与变换尺寸；驾驶室能去掉或移动；可以循环使用。

三、泡沫内芯

常用的模型泡沫内芯有白色和蓝色两种,如图 1-3、图 1-4 所示。泡沫内芯的差别主要体现在硬度与密度上,专用的泡沫塑料型材密度可以任意调整,相对较硬的泡沫可以避免模型的变形和提高承受力。一般情况下,很多公司都按照各自的要求来订制合适的泡沫,除此之外,泡沫模型也被很多大专院校学生用来做造型模型的练习。

图 1-3　白色泡沫内芯

图 1-4　蓝色泡沫内芯

四、蜡条

如图 1-5 所示,蜡条的实物照片。其主要作用是用来切割成不同宽度的部分并预埋在油泥表面,取出后形成门缝或其他需要的缝隙台阶,如图 1-6、图 1-7 所示。蜡条在取出时不会破坏油泥,方便制作各种形状的缝隙槽,可以很好地控制周边型面油泥量的添加和削减,大大提升工作效率,蜡条的种类有 1~5mm 等多种厚度规格。

图 1-5　蜡条

图 1-6　蜡条的使用方法(一)

图 1-7　蜡条的使用方法(二)

五、胶带

胶带是模型师最常用的材料之一,如图1-8、图1-9所示。胶带包括多种类型,而且各类胶带的特点也不同,在工作中需要根据各种线性要求选用不同宽度、不同颜色的胶带。胶带的作用非常多:可贴造型线;可做刮削导向依靠;可贴分缝线;可贴胶带图;可做形面边界线;针对喷漆着色加泥可做保护隔离线等。

图1-8 胶带

图1-9 胶带的使用方法

特别注意存储胶带需要用干净整洁的箱子,温度最好不要过大或过小,否则会影响粘贴质量。把胶带整齐地叠放在箱子里面,切勿随意堆放,以免胶带扭曲变形。

六、镀铬胶带

镀铬胶带的表面镀有一层铬,非常薄,如图1-10所示。镀铬胶带主要目的是为了达到一种特殊的装饰效果,比如车身上的镀铬装饰亮条。在一些单曲面的油泥表面上,镀铬胶带的使用效果非常好,但如果遇到双曲面的油泥表面或小而急转的油泥表面,则需要使用电吹风加热胶带,使胶带的延展性变得更好之后才能使用。镀铬胶带的宽度从5mm到50mm不等,在实际使用中可以根据需要进行裁切。

七、Dinoc膜

造型薄膜Dinoc主要用来做最后的模型表面装饰,还经常被用来检测模型高光质量。贴膜的前提是模型表面已经过全部精修完成。贴膜的过程为先裁出所需的膜(略大于将覆盖的面积)并浸入水中浸泡到脱胶,然后向模型表面喷上一层水,并将从水中取出的膜绷紧覆盖在模型表面,再用橡胶刮片轻轻地、自中央向四周把模型和膜之间的积水刮出,这时膜就会紧紧附着在模型表面,最后用刀将不同膜交界之处切开,膜的分界没有绝对的限定,原则是分缝在不易被人察觉的背光部位。贴膜通常需要两位或多位模型师合作进行,其所使用的贴膜刮片如图

1-11所示，贴膜过程如图1-12、图1-13所示。

图1-10　镀铬胶带

图1-11　贴膜刮片

图1-12　贴膜过程（一）

图1-13　贴膜过程（二）

八、锡纸

锡纸的实物图如图1-14所示，主要有银、铬银、黑和红等多种颜色。锡纸较Dinoc膜方便和便宜许多，较多地使用在高光和形态检验上。锡纸的使用方法：在油泥表面喷少许水或喷胶，把锡纸贴于油泥表面，用橡胶刮片赶走气泡水泡即可，如图1-15所示。同时由于它对油泥模型表面的质量要求不高，而且具有方便快速价格又便宜的特性，所以对于一些要求不是太高的评审，完全可以用它来代替Dinoc膜贴敷整车模型。

图1-14　锡纸

图1-15　贴锡纸过程

九、皮纹膜

皮纹膜主要用于内饰件及其他油泥模型的包覆，目前售卖的成品颜色比较单一，很多公司都是自己翻制，如图1-16所示。皮纹膜具有一定的延展性，大平面比较容易包覆，效果也好，接近真实皮纹，但曲面变化复杂的部位包覆较为困难。皮纹膜的使用方法为在模型外表面刷一层胶水后进行粘贴，有的皮纹膜自身背面有胶，撕下后可直接贴在模型上，贴好后也可以在其上面喷漆，以改变颜色，但漆膜过厚会影响纹理的表现。皮纹膜的包覆效果如图1-17、图1-18所示。

图1-16 皮纹膜

图1-17 皮纹膜包覆效果（一）

图1-18 皮纹膜包覆效果（二）

十、油泥烤箱

对于软化油泥、保持油泥温度，油泥烤箱是必需的设备，如图1-19所示。一般大型烤箱里面有多层滑动移板，一次大约能加热200根油泥（200kg）。在放油泥的时候注意不要太密集，让每根油泥之间都有良好的通风间隙。油泥的彻底软化大概需要3小时以上的时间，温度设定视油泥具体品种稍有不同，但油泥温度不能过高，过高的温度会导致油泥成分分离而性能失效。油泥在

图1-19 带多层托盘的油泥烤箱

加热过程中软化不均匀是最重要的问题之一，那是因为受热不均匀而导致局部升温太快，因此带有内部鼓风的烤箱最好。烤箱还需要安装排风设备以保证安全，一些院校或小型科研单位也使用民用食品烤箱来加热油泥。

十一、油泥真空回收机

油泥作为模型的首选材料，不仅因为其极佳的可塑性，还因为其可以回收循

环再利用的特性。在制作油泥模型的过程中，油泥被使用一到二次后，其内部会产生气泡，使得密度疏紧不一、黏性降低，另外还有许多刮削和机床加工下来的油泥，它们比较碎，充满空气，很难再次使用。通过油泥真空回收机，如图1-20所示，可以将使用过的油泥收集起来，直接放在油泥回收机中搅拌，回收机会自动对油泥进行加温软化抽真空处理，祛除油泥屑中的气泡和水分，生成同样密度的准新油泥。

图1-20　油泥真空回收机

用油泥回收机对油泥进行回收是最方便、最快捷、最好的方法。不过油泥虽然可以反复的回收使用，但在其烘烤过程中，油泥中的成分会逐渐流失，随着油泥回收次数增多，油泥黏性与塑性大大降低，所以回收一般不超过3次为宜。对回收的油泥质量也有一定的要求，回收时务必清理干净油泥中的碎渣和杂质，如果含有其他杂质，则会降低油泥的纯度，造成油泥黏性和塑性的降低，另外也会给模型师的双手等带来安全风险，所以回收前需要检查清楚。

十二、油泥挤出机

如图1-21所示，油泥挤出机主要用于制作模型所需要的仿橡胶密封条和装饰条，通过更换不同断面形状的挤出口金属片，可获得不同形状的挤出条。有些比如窗框、外露橡胶密封条、内饰的某些开关按钮、出风口片状条等特殊部位都可用油泥挤出机挤压出来。油泥挤出机的具体使用方法：根据所需Moulding的断面形状，经过冲压或手工成型，做成金属模板并固定在油泥挤出机的油泥出口处，然后把油泥直接放入挤出机，用挤出机软

图1-21　油泥挤出机

化油泥，使软化的油泥根据模板的断面形状自然成型，并平坦地放置油泥条，然后用松节油把片状油泥条粘贴到模型上，采用的粘贴材料除了松节油之外，也可以用双面胶或者图钉、胶水等。

十三、油泥工作室与加工平台

油泥工作室与加工平台要求宽敞、明亮，平台的顶部灯光布置要求密集均匀，

方便模型的高光检查,如图1-22所示。平台表面要求标注100mm的刻度线,以便于平台的使用。全尺寸平台有不同的尺寸,最常用的是3m×7m、3m×15m和3m×21m等几种不同型号。平台安置时要求平台表面和地面为同一平面,平台面要达到一级抛光面,最好带有网格刻度线以便于平台使用,铸铁大平台现在一般都不用三坐标画线仪,因为现在模型大多是做好半边之后,然后扫描,机床再加工对称,较少使用手工对称。

十四、镜子

如图1-23所示做模型时用来对称的镜子。做全尺寸油泥模型时,一般都是先做半边,这样可以把全部精力用在造型方案上,但是半边模型很难判断好坏,所以就必须经常用镜子来检查对称后的效果。

图1-22 油泥工作室与加工平台

图1-23 做模型用来看对称的镜子

十五、工具箱

制作一台模型所需要的工具非常繁杂,一个好的工具箱能够帮助模型师把各类工具归类并整齐摆放,方便工作。工具箱的种类因模型师个人喜好而各有不同,只要方便工具的存储和使用就好。

十六、小比例模型桌

小比例模型桌多采用铝板做桌面,有的带调节高低和旋转的功能。小比例模型桌先要确定X轴和Y轴中心线的位置,然后按照不同比例确定刻度尺寸,分别在X轴和Y轴中心线左右依次画线,最后在模型桌面形成坐标网格。

十七、油泥刀

油泥刀是制作油泥模型时最常用的工具,其主要用来刻画设计线,车身上诸多漂亮的线条都是它的杰作。除此之外,油泥刀还经常用来切割一些曲面的油泥,如图1-24所示。每位模型师都有一把自己最心爱的油泥刀，就像是每位武士都有一把自己最称手的刀剑一样。

十八、双刃直角油泥刮刀

如图1-25、图1-26所示，双刃直角油泥刮刀是在最初造型时常用到的粗刮工具，由钢制成。刮刀的一面有刃口、一面有齿口，齿口是为了减轻阻力，用于大力地刮削油泥。使用时沿对角线交叉拉刮，使油泥表面形成有细小凹凸的表面层，对于不同大小的表面要使用不同尺寸的刮刀。

图1-24 油泥刀

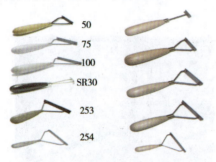

图1-25 双刃直角油泥刮刀

图1-26 双刃直角油泥刮刀使用过程

十九、弧形油泥刮刀

弧形油泥刮刀有不同类型的头部形状，如图1-27所示。其中有的弧形油泥刮刀经常用于刮削不同类型的内凹油泥表面，且一面带有齿口，使刮削更有效率。有的用于刮削略微内凹的油泥表面。此类刮刀经常用于制作轮包内衬和内饰模型，分单面带齿和双刃两种，因为截面为弧形，所以适合各种模型的弧面刮削。双刃弧形刮刀的使用过程如图1-28、图1-29所示。

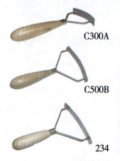

图1-27 双刃弧形油泥刮刀

图1-28 双刃弧形油泥刮刀使用过程（一）

图1-29 双刃弧形油泥刮刀使用过程（二）

二十、三角油泥刮刀

如图 1-30 所示三角油泥刮刀常用来刮削普通刮刀难以削到的、狭小复杂的以及对细节部分有特殊要求的地方,同时兼具勾刻线槽的功能。其有多种不同的大小形状,有 90° 和 135° 等,分别适用于不同形状部位的刮削,当然其也可以被制作成任意的大小和角度。三角油泥刮刀的使用过程如图 1-31 所示。

图 1-30　三角油泥刮刀

二十一、蛋形刮刀

如图 1-32 所示蛋形刮刀主要用于刮削内凹的油泥表面,或用于制作轮包 B 面以及圆形外凹面,或用于刮削呈圆弧形的内表面,特别是在制作内饰的时候,经常用到此工具。

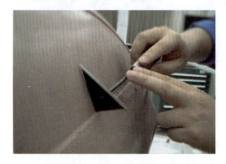

图 1-31　三角油泥刮刀的使用过程

图 1-32　蛋形刮刀

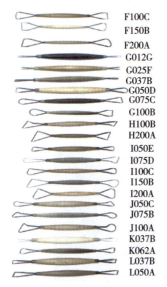

图 1-33　线形刮刀

二十二、线形刮刀

线形刮刀由形状、大小各异的刀具构成,如图 1-33 所示。其每一个品种在头尾两处都有两个不同的刀面,一刀两用既节约了成本又便于实际操作。油泥模型制作中经常会碰到一些难以下手工作的细小部位,像雾灯、轮毂就极需要这种工具,特别是在内饰模型上,到处都是各种细小的凹凸型面,依靠线形刮刀,像这样的所有曲面、角度都能轻松处理,属于模型工作中非常重要的特殊工具。线形刮刀的使用过程如图 1-34 所示。

二十三、钢片

钢片相当于众多模型工具里的心脏,由弹性钢片制成,有多种多样的型号,如图 1-35 所示。钢片刮刀运行相对自由,是精修模型表面不可缺少的工具。钢片有不同的长度、硬度和形状,在实际使用中,要根据油泥模型表面形状的不同选择最合适的钢片。钢片的厚度一般是 0.02 ~ 2mm,长度是 30 ~ 700mm。小钢片的长度范围为 30 ~ 200mm,中等钢片的长度范围为 200 ~ 400mm,大钢片的长度范围为 400 ~ 700mm,另外还有更大的碳纤维刮片和木质刮片,它们的尺寸范围为 800 ~ 1300mm 左右。

图 1-34 线形刮刀使用过程

图 1-35 钢片

钢片可根据需要制成不同的形状、弧面和厚度,异型刮片可根据断面形状自行裁切。模型师通过熟练的双手控制钢片的弯曲程度,选择适当的钢片来完成不同造型面和精细度的刮削。钢片越厚就越硬,弹性就越小,刮削的油泥量也越大,一般用在大面部位;钢片越薄就越软,弹性就越大,刮削油泥量也越小,往往用在小型面上。大面用大钢片,小面用小钢片,不能小钢片刮大面,大钢片刮小面。钢片的使用,如图 1-36、图 1-37 所示。对手感和力量的控制要求比较高,钢片尽量保持与模型表面大致垂直,操作者手臂放松,做到钢片在手中随心所欲,拿捏恰当,把注意力集中在要刮削的型面和工具上,想象自己头脑中想要的造型,刮削时因势利导就像是自己在驾驭油泥,而不是受油泥的阻滞。

图 1-36 大小钢片的使用过程(一)

图 1-37 大小钢片的使用过程(二)

二十四、工具的打磨与维护

工欲善其事,必先利其器。保持工具的锋利,磨刀就是件很重要的事。钢片工具标准的磨法是在金刚磨刀石上磨,磨刀石有圆形和方形等不同造型;另外还有用砂纸磨,该磨法需要一个非常平直的基准面(比如放在平台上,砂纸和平台用双面胶或者胶带固定),并需要根据所磨钢片选用不同目数的砂纸;而对于一些粗制工具,还需要用锉刀磨。无论何种磨法,都需要使用一个垂直的基准工具作为倚靠,以保证磨出来的刃口都是平直的。工具的刃口磨到什么程度有如下标准:把刃口对准亮光进行观察,如果刃口上有白的地方,证明刃口还不算锋利;用手指在刃口各部位刮一下,如果感觉比较光滑,证明刃口还不锋利;像钢片之类的工具需要保证磨出来的刃口是垂直的,三角刮刀一般为45°。

工具的维护也是职业模型师基本素质的体现。每次模型做好后,需用纱布将工具都擦拭干净;针对用得较钝的工具,则需要喷上W40磨一磨(W40除了具有润滑清洁的功能,还能较好地保护钢片外表面),除此之外,工具类尤其是钢片切忌与水接触,否则极易生锈,还有各种工具的摆放也很有讲究,比如尖锐锋利的三角刀就需要与其他工具隔离,不然很容易破损,钢片需要一层层地放在平整柔软的表面,不要直立或东斜西歪,工具就是模型师的"第三只手",需要模型师好好爱护。

二十五、刮刨工具

刮刨工具属于粗削用工具,具有锉刀的易削性和刨子锋利切割的特点,如图1-38所示。其塑形非常方便,在粗刮油泥的边缘时,不会使油泥大块地脱落。刮刨工具有各种型号,适用于不同的油泥断面,同时其刀片可以替换,是模型师在造型过程中特别喜爱的工具之一,使用过程如图1-39、图1-40所示。

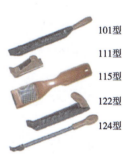

图1-38 刮刨工具

图1-39 刮刨工具的应用(一)

图1-40 刮刨工具的应用(二)

二十六、门缝导槽

门缝导槽是一套专门为模型师勾刻车门、分缝部分的线条和凹槽而特别开发的工具,如图1-41所示。其共有6种型号,分别是1mm、2mm、3mm、4mm、5mm、6mm,这6种型号可以满足分缝制作的所有工艺要求。但现在很多公司已经不再使用门缝导槽工具了,模型上也不勾槽,而是用1~5mm的黑胶带贴分缝线,但模型师在贴膜之前会用三角刀轻轻地在模型上刻下印记,以方便之后贴胶带。这样做的好处是:设计师可以随时调整或更改分缝线,如果之前就已经勾过槽,在贴膜之后,设计师就改动不了;沟槽的深度和光顺平滑对一些模型师来说有点难度,填埋的橡胶条也容易出现回弹和不顺,反而影响模型质量。门缝导槽的应用如图1-42所示。

图1-41 门缝导槽　　　　　　　图1-42 门缝导槽的应用

二十七、定型针规

定型针规装有金属针,用其沿着模型表面移动即可得到模型断面,如图1-43所示。同时其也可用于在模型上快速复制断面线,在制作模型对称的阶段,该工具十分有用。

二十八、高度画线仪

高度画线仪是用来测量模型在 X、Y、Z 三个方向上的数值,尤其是 Z 方向的高度值,如图1-44所示。在线图工作、查找工程点位,特别是做对称拷贝的时候,高度画线仪是很有用的工具。

二十九、激光画线器

激光画线器可以用来画水平线、纵向线、横线和任意角度的线条,如图1-45所示。其主要通过红色的激光线判断断面,通过调整角度画出如图1-46、图1-47的线条。其还可以任意调整角度,比如在画车身侧裙下线和前后保险杠时,用其一照即可,功能可谓非常强大。

图1-43 定型针规

图1-44 高度画线仪

图1-45 激光画线器

图1-46 激光画线器的应用(一)

三十、其他辅助工具材料

模型制作是一项非常复杂的工作,除了上面介绍的一些主要工具之外,还经常用到下列一些辅助工具,比如:预埋钢条、各类测量用具、粘接剂、深度计、曲率板、喷胶、手锯、铲刀、金属挫、水砂纸、美工刀、台虎钳、有机玻璃板、高度仪等,如图1-48 ~ 图1-50所示。

图1-47 激光画线器的应用(二)

图1-48 钢带

图1-49 窗户刮具

图1-50 AB胶

总之，不同性能的材料形成不同的工艺方法，产生不同的艺术效果。材料与工具对于模型的制作来说是非常重要的，如果模型师对各种材料与工具能熟练运用，制作油泥模型时将会事半功倍。每件工具也各有不同的用处，并没有硬性规定哪个步骤只能使用哪些工具，模型师完全可以按照个人的习惯和喜好灵活运用，鼓励模型师在工作的空余时间，制作自己喜欢的工具，在这个制作的过程中，模型师将能体会到一些独特的乐趣，对于模型质量的提升也大有帮助。

第三节　油泥模型启动前所需输入条件

油泥模型启动前所需的输入条件大概可以分为工程输入条件、设计输入条件、项目管理输入条件、模型输入条件四个方面，如图1-51所示。

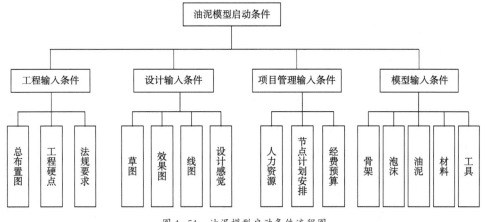

图1-51　油泥模型启动条件流程图

一、工程输入条件

首先应该是总布置图，模型工作是在车身总布置设计完成后，在车身长、宽、高、轴距、COWL点、H点等各项重要数据确定之后才开始进行的。所谓总布置设计，是将汽车各个总成及其所装载的人员或货物设计在恰当的位置，以保证各总成运转相互协调和乘坐舒适。为了保证汽车各部分之间合理的相互关系，需要确定许多重要的控制尺寸，称之为"硬点"。所以，总布置图是油泥模型得以开启、甚至是设计工作得以开启的首要前提，不过也有部分总布置工作与前期架构设计工作内容并行发展的情况。

二、设计输入条件

设计输入条件主要包括草图、效果图与线图。有了总布置图，设计师就可以开始以总布置图所定的基本尺寸为依据构思草图。草图是设计构思的表现，图如其名，是比较粗略简单的手绘。概念草图确立之后，从中筛选出优秀方案，进一步绘制成效果图，效果图是在总布置尺寸基础上依据草图的效果进行再现，有更加精细的形体特征和明确的比例、透视、色彩、材质表现，具有清晰的明暗阴影效果和高光表现。效果图是模型师最主要的参考依据，图的好坏直接影响到模型师的工作和模型的最后效果。

效果图一般要求有三张，角度分别为前45°视图、后45°视图和正侧视图，图的视点高度一般是1.65m左右，以便符合成年人站立时观察事物的正常感觉，由于人的基本视域在60°范围内是最舒服的区域，所以通常选取以视平线为中心、上下各30°的范围。效果图具有视觉的欺骗性和平面表达的局限性，因此在模型工作时，设计师应该准备好纸和笔，根据油泥模型现场实际变更情况，随时对图的造型和细节进行重新构思，完善设计，最终得到满意的设计方案。

线图也叫胶带图，主要用来表现设计方案的关键特征线和断面线。线图是在总布置图和效果图都具备的情况下，设计师依据总布置尺寸和效果图方案，在带有坐标网格线的薄膜纸上利用胶带粘贴出汽车的形状和特征，其可以显示出汽车的整个轮廓、特征、发动机、车架布置和人体样板等。线图的大小要与制作的油泥模型大小一致，并且标注出实际尺寸，这样会方便后面的模型制作。线图的作用是确定初始的汽车形态轮廓，可以用不同宽窄、不同颜色的胶带贴出光影效果，以用来反映造型方案立体关系、指导模型师进行模型制作。线图是造型方案从平面状态过渡到立体形态的桥梁，不过线图毕竟只是平面上的图像，只能作为参考，关键还是要在真实的模型三维空间上，尝试与检验每一条曲线、每一个形体的空间走向及穿插关系。

线图严格意义上来说，应该要贴制四个角度的视图，即前视图、后视图、侧视图、俯视图。但以笔者多年的经验，图太多未必是好事，容易培养出模型工匠以及约束模型师的想象力，一般侧视图基本上就已经可以了，最多再加一个俯视图，这样做有哪些好处，将会在后面章节详细论述。

以上这些图都是设计师根据总布置，围绕人、机、工程，依照法规及草图的概念绘制而成。图是工程与艺术的结合，但设计与艺术一样，很多的灵感创意有着随机性和不确定性。模型的工作现场是笔者认为最容易迸发灵感的地方，这就要求模型师首先要尊重图的创意，但不能机械地依赖图。图仅仅给模型师一个标准、一个参考，模型师的工作不应该只是复制与拷贝，创造才是模型工作的主旋律，是模型师的"魂"。图是平面的，是静止的，而模型是立体的，是时刻变化的，模型师和设计师需要带着创造与激情站在模型面前，抓住现场的灵感，把方案逐步优化并实现。

三、项目管理方面的输入

项目管理方面的输入主要包括确定人员、安排好项目的时间计划、项目节点、项目经费预算。同时还需围绕这些内容安排与协调各部门、各功能块之间的联系与沟通。

四、模型输入

首先要制订模型工作进度表和材料消耗统计表,确定制作工艺流程,保证各种材料工具的到位,比如骨架、泡沫、油泥、膜、锡纸、各种刮片和刀具等。设计和制作模型骨架也是模型输入的重要环节,当骨架做好之后,就需要根据线图准备Y0模板。当一切就绪后,就可以开始真正的模型造型工作了。

以上四点输入条件是模型工作启动之前必须满足的输入条件,也是从硬件方面考虑的一些硬性要求,属于"硬输入"。除此之外,还有一点需要重点准备的,就是"软输入",即在模型开工之前,模型师务必要先了解清楚该方案的造型风格特点和设计方向,是中庸风格还是运动风格,是商务为主还是主打家用,是走传统保守路线还是走前卫高调路线,是追求优雅高贵还是追求简约时尚等。中庸风格就要在模型上尽量多用圆角和曲率半径较大的线条,避免出现硬朗的棱线和凸出的角;运动风格就要尽量多地用流线型的语言和动感的棱线;商务为主的车要显得庄重与沉稳,造型就要大气流畅简约;家用为主则要显得精致灵巧、亲切温顺,造型上最好圆润柔和给人以亲切感;跑车则要尽情释放张扬与速度,造型上要敢于犀利夸张。这些都是模型开工前,模型师需要准备的"软输入",模型师只有了解清楚品牌的精神内涵、所做车型的设计特点要求,做起模型来才会有的放矢,才知道用怎样的线条与型面去匹配这些车型的特质,知晓目标与方向,才不会跑偏航线、迷失自我。

模型师需要透彻地了解设计师的设计意图,需要与设计师保持密切交流,即使设计师提供的信息完全相同,不同的模型师完成后的最终模型也会大不相同,这就是每个人的理解力与手上技艺的差别。设计师在画图之前会充分构思怎么画,同样,模型师开工之前也要充分构思如何做,没有充分的构思就开始造型,很容易失败和走弯路。造型工作应该在充分理解形体和设计意图之后再开始进行,将合适的造型元素和形体语言完美地融汇到设计意图之中,这样才能做到下刀如有神。

另外,在项目实施过程中,如果同时制作几个模型,在场地允许的情况下,每台模型最好采用竞标制度,即将设计师和模型师分为若干个小组,采用保密隔离、分开工作的方式,结束之后一起参加评审,从中选择优胜方案。这样做,一是激励模型师和设计师的配合协作,刺激成员的积极性和协作性;二是可以避免因为在一起工作,互相受彼此影响而导致设计感觉的逐步同化。

第二章　前期概念创意模型

——设计的摸索犹如在黑暗中寻找光明，模型师就是这个过程中的光明使者

前期概念创意阶段属于造型设计开发的早期，在这个阶段，设计师的主要工作是参与车型前期架构研究，构思造型设计方案，并在油泥模型上实现。前期概念创意阶段是设计人员充分释放感性创作的阶段，后期产品阶段是回归理性的阶段，前期阶段可能和纯粹的设计靠得更近，而后期阶段则和工程、法规、生产联系得更加紧密。

前期概念创意与设计方向的摸索，一般都是用比例模型来寻求实现。这里的比例模型包括最早期的比例模型（Proportion model）和小比例油泥模型（Scale model）。比例模型（Proportion model）是在配合总布置的基础上，对整车比例的推敲；小比例油泥模型主要用于设计方案的研究和探索。这个阶段模型最重要的使命是提供创意想法并确定车型的未来设计方向，而不是过分严苛地关注车辆的工程尺寸。

概念创意模型是需求与艺术相融合的阶段，是油泥模型真正意义上的创作期，模型师在这个阶段不要让过多的工程条件和人为因素干扰创作，只要守住少数的关键硬点即可，这个过程是"放"的阶段，应该充分释放自己的感性，天马行空、异想天开在这个阶段都值得鼓励；而后期产品的全尺寸阶段，则是"收"的时期，这时就要把设计的感性逐步拉回到理性的层面，把工程硬点、法规要求、空气动力学、生产的模具拔模角等要素在造型中充分考量。

概念创意阶段的方案有很多不确定性和未知数，这时尤其需要油泥模型的帮助。在油泥模型上，主要制作小比例模型，外饰以1:3为主，内饰以1:2为主。小比例模型相对来说成本低、见效快、方便快速造型和方案修改。在古代像宫殿建筑，一般也是先做木制小比例模型，成熟之后再放大。如果在设计方向不明朗的情况下，就开始做全尺寸模型，则会消耗大量的时间和人力，却事倍功半。在小比例模型设计成熟之后，再开始1:1全尺寸油泥模型的制作，对于设计方案的深入、造型的优化以及成本的控制都会比较有益。

第二章　前期概念创意模型

第一节　Proportion Model（比例模型）

——车身比例的重要性等同于人的身材比例的重要性

在汽车设计初期有一个非常重要的阶段，就是定义并调整好一个完善的Proportion Model（比例模型），以便为接下来的造型工作打下良好的基础。Proportion Model（比例模型）对于汽车来说至关重要，它就像人们常说的范儿，就如人们自身的审美观念一样，身材比例是对人体美的评价标准之一，身材好的人基本上穿什么衣服都不会难看，身材比例不好的，好衣服也很难穿出好效果，在车上该现象也同样成立。良好的车身比例同样是整车开发造型设计成功的基础，而造型工作就如同给汽车设计衣服，衣服只有穿在身材比例最好的人身上，才能把最好的一面展现出来。比例的重要性，无论是对于车还是对于人，都是同样的道理，都至关重要。如果放弃Proportion Model（比例模型）直接进入造型工作阶段，最后将得不偿失，所以一直是世界各大汽车公司开发汽车过程中必不可少的一个环节。

Proportion Model（比例模型）说白了就是比例，比例说白了就是立体构成，就是将一系列元素以一定的大小、长短、体量以最佳的比例合理地结合在一起，并摆放在最合适的空间位置上。在进行比例设计之前，还需要先考虑总布置的要求，因为任何造型的介入与比例的确定，都是建立在总布置基本尺寸确定好的前提下。

总布置就是确定车的长、宽、高、轴距、前后悬、发动机的位置、底盘的高低、H点的位置、乘客舱的大小、轮子的尺寸等，当这些要素确定之后，Y0线（车身宽度中心线）才有可能定下来，设计师才可以把造型方案施加到车身上，真正意义的造型设计才能开始。当然在进行总布置设计的同时，造型设计也在概念中同步进行。汽车总布置是概念设计的重要内容，整车开发周期中的总布置阶段设计是否合理，直接影响着整车的使用性能和美观程度。

总布置各项数据的确定并不是车身工程师能够独自决定的，这个阶段也需要设计师的帮助，需要设计师来判别这些尺寸比例是否美观，对今后造型的影响能否接受。Proportion Model（比例模型）可以用来验证总布置设计中的各项尺寸数据，给总布置设计提供有益的参考，总布置与它之间是因果关系，也是相互促进、相互影响的互助关系，总布置定型与Proportion Model（比例模型）造型的确定，标志着前期概念设计的初步完成。

从外形来看，总布置尺寸对外观造型的影响很大，比如人们现在都希望汽车的前悬长度越短越好，而后悬长度适中，轮胎的位置则希望高一点。总布置对于整车比例的优化来说是非常重要的，只有在对总布置的相关要素进行研究之后，才能进行 Proportion Model（比例模型）的研究。从内饰上来看，设计重点主要包括 IP 位置的高低、前后关系、屏幕放置位置等，比如当各个配置都确定后，IP 会不会显得太大，放置的位置会不会影响驾驶人和副驾驶人的坐姿和舒适度。这段时期的工作主要以工程作为出发点，以设计的标准作为衡量准则。对于概念车与量产车来说，它们之间的区别在于：概念车的总布置设计方案，设计师更有决定权；而量产车的总布置设计方案，架构工程师更有决定权。

那么什么样的 Proportion Model（比例模型）才能称得上是好的设计呢？如何才算是好的身材比例呢？首先在直观视觉上，不同的比例体现不同的主题理念，无论主题如何，一组好的比例，一定会给观者带去直观美的视觉享受，如图 2-1～图 2-4 所示。

图 2-1　汽车外形设计的视觉感受——修长车身比例型

图 2-2　汽车外形设计的视觉感受——敦实、经典、大玩具型

图 2-3　汽车外形设计的视觉感受——激进、速度、极限型

图 2-4 汽车外形设计的视觉感受——豪华、优雅、未来型

同时，不同民族、不同文化背景的人们对不同的比例之美、视觉之美也存在着各种差异，但这种差异就像绘画一样，虽然有着各种不同的画风，但其还是存在一些基本准则，尤其是当汽车发展近百年之后，现代人在潜意识里已经形成了对当代甚至对未来汽车的一些特定标准。众所周知，20世纪50年代前的老爷车都是比较高的，而且那时公路条件一般，车速也不高。到20世纪六七十年代时，在高速公路快速发展与车速大幅提高的背景下，为了降低风阻和增加安全性，车身被做得比较低，特别是跑车。近些年由于安全技术水平的提高、交通法规的影响，车身又有变高的趋势。而在车身长度方面，人们广泛接受了"双M"的观念，即车头和行李舱的长度尽可能小，驾驶舱的长度尽可能大，车身宽度方向由于车高的增加和安全的需要，也有逐渐加宽的趋势。

图2-5为美国车的典型比例（霸气强壮）：短前悬、长轴距、小侧窗、超长且大的侧面、长发动机舱盖、超大轮毂。

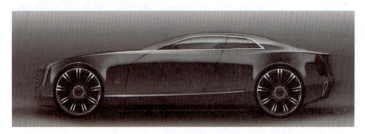

图 2-5 美国车的典型比例

图2-6为法国车的典型比例（独特紧凑）：长前悬、短后悬、中等轴距、较大侧窗、中等整车长、较短发动机舱盖、较大轮毂。

图 2-6 法国车的典型比例

图2-7为德国车的典型比例(精密严谨):前悬在800mm或850mm左右、与后悬比例为1:1.5或1:2(超豪华车)、较长轴距、侧窗与大侧面的比例为1:2、中等整车长、长发动机舱盖、大轮毂。

图2-7 德国车的典型比例

随着各项工程条件的输入,之前有些尺寸将需要重新设定,所以Proportion Model(比例模型)到后期也会有修改,这就像设计需要重复思考和反复修改一样,但后期修改是在一个比较好的基础上、在一个特定的更改范围进行的。Proportion Model(比例模型)就好像是一个胚子,在这个胚子的基础上,进行特定范围内的调整,工程师与设计师都可以接受。当然修改程度不能改变太多、偏离太远,否则之前的工作就没有意义了,比如将前悬增加50mm还可以接受,而若要增加300mm则肯定不行。

Proportion Model(比例模型)一般都附带有一个设计方案,以便给评审者一个评判的基础和方向,没有设计方案的评审工作就相当于脱了"衣服"让评委去判断比例,这也是Proportion Model(比例模型)初期就需用设计方案的原因。通过设计方案,评委能更好地评估比例模型的好坏。有时候多数公司所采用的设计方案是老款车型的设计方案,这样便方便了评审者在同等条件下,直观地对比现有比例与老款比例,发现现有比例有何优化与不足,若直接提供新的设计方案,一是没有了对比,评审很难评判新比例的好坏,二是评审时可能还会把注意力关注在设计方案上,而忽视了模型的比例本身。

评价车身比例,须先看Y0与轴距,因为新比例设计方案的轴距一般都会有变化,再就是看轮距、车高、前后悬的长度。这就像画素描,须先勾勒出图画整体形态在上下左右方面上的高点,进而确定好外轮廓。对车来说,其外轮廓取决于轴距、轮距、车长、车高、离地间隙、前悬、后悬、发动机舱盖高度,Cowl point位置、C柱位置等。

Proportion Model(比例模型)不仅促使设计师在一个既定的区间范围内做形态设计和型面推敲,它会提供一些相对的工程硬点要求。例如前后悬、C柱的倾斜角、A柱的倾斜角,这些要求后期就算需要更改,其变动的范围也不会很大,整个比例的感觉依旧存在；Cowl 点、轴距不会变；总高可以适当地修改；Belt Line 前点不能变。在这个阶段的造型，比较偏重于大方向上的研究，例如发动机舱盖是选择立一点还是趴一点。同时这个阶段的图，也不用确保精确完整，只需有一个大体的倾向和设计方向即可。

汽车开发必须在一个合理规范的流程之内进行，每个阶段的模型都有各自的使命，Proportion Model（比例模型）就是为后期的工作提供一个框架，让后续工作者在这个框架范围内施展拳脚，以避免偏离设计主题，如图 2-8 所示。

图 2-8　法拉利的车身比例一直引领着跑车趋势

第二节　外饰小比例模型制作

——是我们创造了模型，还是模型创造了我们

相对于1∶1全尺寸来说，小比例模型（Scale Model）就是缩小比例后的模型。小比例模型的特点是成本低廉、见效快速、造型修改容易，如果一开始就做全尺寸模型，将会消耗大量的时间、人力、物力。外饰小比例模型大小以1∶3为最佳，这个比例是从造型方案的快速表达和展示的视觉体量这两个角度出发，取一个折中平衡的结果，这个比例也被大多数主流公司所采用。也有部分公司采用1∶4和1∶5这样的比例，但这些比例最大的不足就是体量太弱视觉冲击力不够，对于设计的表现力度大打折扣。如果是大专院校学生作为练习和培训所用的话，1∶4和1∶5比较合适，相对来说，模型越小，制作得越快速，难度上也较容易把握一些。

1∶3的车身布置图完成后，就可以参照效果图着手制作油泥模型了。小比例模型的目的是把设计构思充分地表现出来，在模型上对设计形态和细节进行推敲探讨，经过多次评审和逐步筛选，从最初的多个方案中挑选出一到两个方案，这个设计与制作周期一般耗时数月。在小比例模型做好之后，需要进行风洞实验，分析其空气动力性能，除此之外还要进行市场调研，取得市场的反馈意见，并在此基础上，进一步优化设计方案，为开展全尺寸油泥模型工作做好准备。相对来说，小比例模型更加偏于感性，而全尺寸模型更加偏于理性，油泥模型从小比例到全尺寸的演化，是设计思维逐步发展，从感性回归到理性的一个过程。

小比例油泥模型属于前期概念创意的摸索阶段，是造型设计中必不可少的一个环节。如果人力资源允许的话，在数量上应尽量尝试多个方案，一般来说，六个比较常态。小比例油泥模型是未来产品的雏形，它奠定了未来产品车的基础与格调，重要性不言而喻。小比例油泥模型相当于是打基础阶段，其作用是进一步明确并实现设计师脑海中的创意，将对应的平面图立体化，使其设计特征真实化、鲜明化。小比例油泥模型的核心目的是探讨设计方案的各种可能性，有利于设计师反复尝试，而这个阶段是设计师设计思维最活跃的阶段，也是设计灵感最容易迸发的时期。

优良的小比例模型能为全尺寸模型打下一个良好的基础，能有效地减少全尺寸模型的工作量,而且在很大程度上影响着未来量产车的容貌。小比例模型的制作一定要放得开,要敢于、善于夸张,以追求造型和设计感觉为第一位,尺寸精度方面不用太过苛求,只要保证长、宽、高、轴距等硬点数据不要偏差太大就行。同时制作中模型师需要和设计师不断沟通,以完善和细化设计感觉。

本章节将以2013别克未来Ⅱ概念车的小比例模型制作为案例,向读者展示小比例模型的制作过程和一些心得体会。

首先谈一下效果图,作为模型师最重要的设计输入——效果图,包含前45°视图、后45°视图和侧视图,如图2-9、图2-10所示。效果图的重要性对于模型师来说不言而喻,但仅有优良的效果图,而模型师不能很好地理解并实现亦是枉然。

图2-9　别克未来Ⅱ概念车效果图（一）

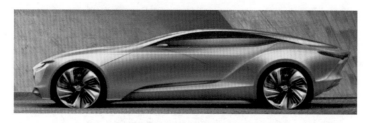

图2-10　别克未来Ⅱ概念车效果图（二）

在动手做模型之前,模型师要把效果图的整个形态特征揣摩到心中有数,就如北宋的文与可画竹子一样,要先做到"胸有成竹",然后挥墨时,竹子一蹴而就。在日常模型制作中,有些模型师过早地把注意力放到局部刻画上,急于做前照灯、格栅、进风口等细节,认为把这些地方做出来,模型的效果就会好,其实不然,如果结构关系没有理顺,那么依附在上面的这些部件就如悬浮在空中一样。就像雕塑家做人物头像时,如果整个头部的形体结构不准确、不到位,眼睛、鼻子、嘴巴即使做得再像,也像是粘贴在上面,而不是生长出来的,皮之不存,毛将焉附? 由里而外、由骨而形而肉是塑形的不变法则,这个法则在油泥模型制作过程中也同样适用。

效果图从二维转化成三维实体时,会遇到很多实际问题。若要将设计效果最好地呈现出来，需要设计师、油泥模型师共同的智慧、经验和汗水。设计效果图给了模型师工作的目标和方向，但模型师不应该只是临摹而没有创作，而是需要发挥自己的主观创造性，提取获得效果图的"精神"和"感觉"，并不是过分在意图上面面俱到的每条线、每张面。如果模型师没有这种观察感觉的话，那么就会反受其约束，被图框死。为了避免这种情况，模型师需要通过油泥模型上的创作再现，帮助设计师进一步优化设计方案，解决设计中遇到的问题，进而锻炼和提高自己对形体的认识和把握能力。任何之前的构想和图绘都只是停留在脑海中的想象层面，属于二维空间，概念的实现更需要来自模型现场三维空间的推敲与灵感。

线图也称为胶带图，如图2-11所示。其主流的做法是，设计师用胶带贴出前视、后视、侧视、俯视四个视图，然后模型师依据这些视图，做出所有的断面卡板，进而用这些卡板逐个卡到油泥模型上，多退少补，堆出造型。就个人而言，笔者比较排斥这种做法，过多地使用卡板（Y0与轮口卡板除外）会使模型师变成一台"机器"，只会照搬复制而没有任何创造力和想象力，不会去思考形态、形体、空间这些油泥模型真正的本质内核，模型工作也就失去了它应有的乐趣与真正意义。造型需要充分依靠模型师的双手与大脑的理解想象，这就是不鼓励过多使用卡板造型的原因，其实多数设计师也希望模型师在工作中能多发挥主观能动性和创造力，避免过多的条条框框束缚住模型师。模型师在尊重效果图和基本尺寸数据的前提下，尽量发挥自己塑形的想象空间，只有这样，才有可能成为真正的模型师、造型师。

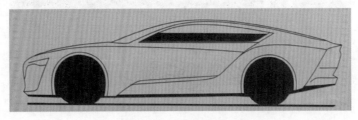

图2-11 胶带线图

任何工作都需要一个合理的秩序，合理科学的制作程序能使模型工作有条不紊地进行，其主要流程如图2-12所示。

图2-12中的流程顺序并不是完全固定不变的，具体工作中可因个人习惯不同而有所区别。模型的制作过程犹如婴儿的孕育和树苗的成长，由主干长出枝节，进而生长出枝叶。如果主干是整体，那么枝叶就是细节，必须在整体意识的指导下，从主要部位逐步展开。模型的塑造程序就是"主——枝——叶"的秩序，不可错乱。

Y0和大侧面就是模型的主干，把主干的中轴安排妥当，车的动态气韵就会展现出来，然后再完善各部位形体，车的细节自然也会体现出来。

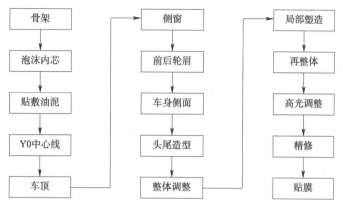

图 2-12　油泥模型制作流程

用卡板造型的方法如图 2-13 所示。对于刚入行不久的模型师或者大专院校的学生来说，用卡板做模型无可厚非，但如果对于一个成熟的模型师来说，若还是习惯或依赖于用卡板做造型的话，则非常不妥，因为在用卡板的同时，实质上已经把自己也给框死了，长此以往，模型师的创造力、想象力都会被扼杀，在泛亚，模型师除了在制作 Y0 和轮口时使用卡板以外，不再使用任何其他卡板，模型师只需要设计师提供的一张侧视胶带线图和效果图，便开始充分发挥自己的空间想象力和创造力去制作模型。笔者一直以为，只要项目经验和时间积累到足够，工艺技法、高光方面的能力都很容易掌握，但想象力、创造力的培养确是非常不易的一件事情，如果没有天赋异禀的话，通过一个好的工作习惯和方法去刻意地锻炼和培养就显得特别重要。

图 2-13　用卡板造型的方法

油泥模型的制作首先需要根据侧视图的线图，用拷贝纸和胶带把线图上的 Y0 拷贝到 KT 板或者细木工板上，然后用刀或电动曲线锯裁切下相应的形状，做成 Y0 卡板，如图 2-14、图 2-15 所示。卡板的作用是限定模型的外形轮廓，保证模型的精确度。在泡沫骨架贴油泥和做模型 Y0 中心线的时候，可以作为对照依据，通过卡板判断这些位置上油泥的盈亏，若是手工制作泡沫内芯的话，Y0 卡板也是一个非常好的参考标的。

前面提到了 Y0 中心线这个词汇，其主要涉及车身坐标的相关内容：Y 轴表示模型的宽度，X 轴表示模型的长度，Z 轴表示模型的高度。Y0 线位于汽车宽度方向的中心线位置，X0 位于汽车的前轮中心，Z0 位于汽车的地板下平线。有时为方便模型的制作，可以将平台面假设为模型的 Z0，然后通过换算数据补上差额。

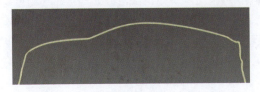 

图 2-14　把线图的 Y0 拷贝到 KT 板材上　　　　图 2-15　最后成型的 Y0 卡板

如图 2-16 所示模型结构中，红色箭头所指的是骨架，黄色箭头所指的是 Foam 泡沫内芯区域，最外层蓝色箭头所指的就是油泥层。

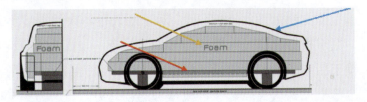

图 2-16　模型结构

小比例模型所用的骨架底座是根据总布置图数据而得出的。骨架的结构很简单，主要由托板和木方组成底座，起到支撑模型的作用，一般选用 20mm 左右厚度的细木工板或密度板作为底座的托板，选用木方做托板的支撑，如图 2-17 所示。骨架的制作首先根据尺寸在板材上绘制出部件的形状，然后下料，再用刨锯刨平，注意要选择平整无裂痕的木工板，当然也可以选择其他的材料制作，比如铝合金骨架，如图 2-18 所示。

图 2-17　模型骨架托板与木方　　　　图 2-18　小比例模型骨架

底座搭好之后，需要加装一个泡沫内芯，如图 2-19 所示。这个内芯的尺寸要小于车体，以预留油泥的厚度，在一些拐角部位，或是设计还不明确的地方，需要适量地多留一点余量，尽量减少凸出的锐角，倒成大圆角以便于后期的油泥刮切，然后，用胶水和长钉将其固定在木制的底座上，最后，根据 Y0 卡板和总布置图上的其他数据，并参考效果图用手锯锯出泡沫内芯形状，如图 2-20 所示。所用泡沫型材有别于普通的包装保温泡沫，是特殊定制的高密度材料，具有质量轻、密度大、质地硬的特点。一方面，由于油泥相对昂贵，用泡沫内芯可以节约油泥的使用量；另一方面，可以减轻模型的整体质量，方便模型后期的移动与搬运。泡沫内芯如果能用完整的一块最好，尽量不拼接或少拼接，因为拼接必定产生缝隙，模型在后期会有开裂的风险。图 2-21 就是最终成型的泡沫内芯。

图 2-19　白色泡沫内芯　　　　　　　　图 2-20　用手锯锯出泡沫内芯的大体形状

小比例油泥模型因为方案变更比较频繁，在设计上有很多不确定性，更改造型往往大刀阔斧，所以在预留油泥厚度上应尽量充裕一些。概念车和量产车的油泥厚度稍有区别，概念车为 40mm 左右，量产车为 30mm 左右。但如果设计已经明确，设计方向比较清楚，则油泥厚度仅需约 20mm。

小比例模型一般只做半个，在 Y0 边上放面镜子，这样评审观看时就可以看到完整的模型，拍好照片后，可以用计算机合成技术将镜子去除。但也有一些公司是做完整的小比例模型，从观看和评审舒适度来说，完整模型肯定比半个模型效果好，但是如果在探索造型阶段，就把过多地精力用在对称上面，将得不偿失，因小失大，小比例模型意味着项目才刚刚开始，在这个时间段造型的更改密集而又频繁，如果仅做半个模型，可以让模型师把精力全部用在设计方案的推敲上，可以快速地响应设计师的更改节奏，是比较优质的选择。

泡沫内芯完成后，需要用吸尘器把表面的粉尘以及地面都清理干净，避免泡沫碎屑混入油泥当中，好的卫生习惯会带来好的工作心情，同时也为接下来的贴敷油泥做好准备，如图 2-22 所示。

图 2-21　最终成型的泡沫内芯　　　　　　图 2-22　用吸尘器清理干净桌面

一切就绪之后，首先要检查一下模型的车身姿态。车一般有满载、半载、空载三种状态，这三种状态分别影响到不同的车身姿态，当一辆空车放置于平面上时，由于弹簧作用，尾部会轻微抬高，这种姿态会对制作油泥模型造成一定的困难，所以应进行简化处理，一般以前轮轴中心作为基准原点，以平直姿态制作模型，这样比较有利于油泥模型的制作和评审，所以小比例模型的车姿应该是半载状态。

如图 2-23 所示，在贴敷油泥之前，需要用热烘枪把泡沫的表面稍微烘烤一下。这有两点作用，一是因为泡沫硬度不高，通过烘烤可以把表面硬化，避免今后油泥和泡沫的收缩变化；二来可以把一些不易清理掉的泡沫碎屑清除掉。但需要注意的是，用热烘枪进行烘烤的时候，务必保持通风，因为烘烤时，泡沫会散发

图 2-23 用热烘枪把泡沫表面烤硬

出刺鼻的气味和有害的气体。

往泡沫内芯上加油泥称为贴敷油泥，这就像做雕塑"上大泥"一样，但又不能像做雕塑那样，将泥一坨一坨地按在骨架上，然后用棒使劲地敲打压紧。贴敷油泥的方法主要有"推""勾""堆"。图 2-24 是掌推的手法，"推"是用手掌向前推进贴敷；图 2-25 是手指回勾的手法，"勾"是将食指弯曲，用其内侧向回勾拉贴敷，注意不要用其他手指；"堆"是用大拇指与食指捏和油泥往前推进，修改造型时通常用这种手法堆出想要的形状，如图 2-26 所示。手指一次可贴 1mm 左右，手掌一次可填 2～3mm。上泥的程序从车顶的中间分别向车的头部和尾部一层接一层地敷，贴敷时要用力适当，以保证油泥层与层之间的完全贴合。

图 2-24 掌推手法

图 2-25 回勾手法

下面介绍两种贴敷油泥的具体技法：一个是逐层贴敷法；另一个是块状贴敷法。

（1）逐层贴敷法。贴敷第一层油泥时，要薄而均匀地扩展到整个泡沫表面，让泡沫与随后敷上的油泥有良好的黏合性，当整个泡沫表面敷好之后，根据所需厚度做一定数量的油泥凸台，或用有尺寸标记的木条预先插在泡沫表面作为标记。然后一层层贴敷，每一层平均厚度控制在 2mm 左右，过厚则会收缩力过大，导致与底层分离，厚薄不匀也容易爆裂，同时要保持油泥边缘的平整，避免有翻边或不平现象。底层油泥如果是横向的话，如图 2-27 所示，第二层就需要纵向贴敷，如图 2-28 所示，贴好之后再换成横向贴下一层，如图 2-29 所示，如此循环，

始终保持十字方向的上泥方式，横向上完之后再纵向，像衣服的编织纹原理一样，直至最后达到油泥所需的厚度。以这种方式贴泥，能够保证每一层油泥咬合紧密，在未来随着时间的推移、运输的振动、温度的变化，也不容易产生气泡和裂缝，这种方法操作方便，不易产生整块油泥掉落的情况，但速度较慢，层与层衔接不好的话容易产生气泡。

图2-26　堆推手法

图2-27　横向贴第一层

图2-28　纵向的贴第二层

图2-29　横向的贴第三层

（2）块状贴敷法。第一层和前面方法一样，趁底层油泥还是温热的时候，尽快敷上所需厚度的块状油泥，如图2-30所示，每一段和每一层的连接处如果油泥冷了，需用热烘枪加热，以保证油泥之间结合得紧密牢固。由于每段横截面都反映当前油泥的厚度，所以不会出现贴得太多或太少的情况。这种贴法能较准确地达到目标厚度，节约油泥用量，速度快，不易产生气泡，但对操作精度有一定要求，需时刻用电热枪进行加热以提高油泥之间的黏合性，若操作不当，易产生油泥加热过度，使油泥变质或整块剥落的情况。

图2-30　德国式的块状贴敷油泥需要
与热烘枪配合使用

无论何种贴法，如果新旧油泥温差过大，在两层之间都容易形成一个剥离层，所以贴油泥应该多人合作，在底层油泥未完全硬化之前就能贴上第二层油泥，以最快的速度把整个油泥贴好。贴油泥时，如果存在间隙，则会有空气介入，使缝隙扩展开，所以要边推边压，将油泥按紧实。车身底部特别是裙底、轮包里面、前后保下边缘的油泥，如果贴敷得不紧实，则会连带把外表面的油泥也一起损坏。还有就是油泥的边缘，一定要注意整齐收边，避免出现毛边，否则容易出现大块脱落的现象。在拐角处要预留多一点的油泥，但总体上的厚度应该尽可能一致，因为厚度的差异过大将导致油泥表面爆裂，贴敷油泥是模型制作的基础工作，会严重影响到后面的环节，有些模型师对这项基础工作非常不重视，随便贴敷，导致之后产生诸多问题，其实越是基础性的工作，越要严谨认真对待。

贴敷好第一层油泥之后，用 Y0 靠板放在模型的背面坐标位置，就知道油泥的盈亏量。加第二层新油泥的时候，如果间隔时间过长，则需要用热烘枪加热之前冷却的油泥，以保证前后油泥的温差不至于过大，这样才能使每层油泥之间结合紧密，避免模型后期的开裂、凹陷、气孔等问题，如图 2-31 所示。

图 2-31　用热烘枪把冷却的油泥加热

油泥敷好之后，把骨架底座和外露面涂黑，避免评审时的视觉干扰，然后就可以开始造型工作了。造型先从 Y0 开始，因为车身表面任何部位的造型或多或少都是由 Y0 直接或间接决定的。依照 Y0 卡板，用耙子或刨子把 Y0 造型先做到与卡板一样之后再来调整，如图 2-32、图 2-33 所示。Y0 在很大程度上决定了整车最重要的比例和姿态，这些比例包括前悬、后悬、总长、总高、轴距、轮距之间的比例关系，以及这些局部与整体之间的比例关系。而姿态则是决定一台车整体气质的重要因素，关于比例和姿态会在后面的章节另做论述。

图 2-32　用刨子做 Y0 造型

图 2-33　用卡板作 Y0 造型

当 Y0 调整到位之后，接下来做车身的侧面，这需要花时间重点刻画，再就是做发动机舱盖、保险杠、轮包等，最后再做车灯、格栅等细节。这一轮工作做完之后，整车的初步效果就出来了。

Y0 做好之后，第二步就是做轮口。用作 Y0 卡板的方法，参考线图拷贝出前后轮的卡板，并放在对应的坐标位置，如图 2-34 所示，依照卡板确定油泥模型前后轮口在空间上的具体位置、宽度和大小，最后得出轮口的形状。做轮口造型时，需要把车轮放进去以检查它们的实际配合关系，并反复修改完善，如图2-35所示。这个时候基本上就确定了整个模型X、Y、Z三个方向的大体位置，即模型的框架已经搭建完毕，接下来就可以在这个框架里面完成其他相关工作。

图2-34 用模板做轮口造型

图2-35 用弧度刨子把轮口的内曲面修平整

轮眉的造型工作需先从线图上确定轮眉的宽度，再用画线工具沿着轮口把轮眉的位置标注出来，如图2-36所示。制作轮眉时要小心外轮廓线很容易发生扭曲和角度不对，模型师要从各个角度观察并调整轮眉的形态。轮眉的弧度一般较平或者微正，可以用刨子或钢片进行处理以达到上述效果，如图2-37、图2-38所示，对轮眉进行精细修整，确定造型。

图2-36 用画线仪刻出轮眉线

图2-37 用刨子做轮眉造型

图2-38 用钢片精修轮眉

从轮眉的俯视角度看，工程上存在包络面的要求，即在前30°至后50°的范围内保证轮眉是比较平直的，以便包住里面的轮胎并起到挡泥板的效果，针对此要求，模型师在做模型过程中需要格外注意。

接下来用刨子做轮包的粗型，如图2-39所示。在造型的初期阶段，工具主要选用刨子和双刃油泥刮刀，尽量少用钢片。

模型师需要清楚地知道图中哪些部位是必须要保证达到要求的，哪些部位是还未明确或更改可能性较大的。像长、宽、高、轴距、车窗是最容易确定、也最需要严格保证的,先把这些区域确定好,其次再确定车顶、发动机舱盖、行李舱、保险杠这些部位,再就是诸多相交面的转折部位、设计的细节特征等。

模型制作的第三步是用拷贝纸复制出线图上的窗户面,然后贴在油泥模型上,如图 2-40 所示,因为模型是立体曲面的,而线图是平面的。另外由于后期还要做流水槽和立柱,所以侧窗的制作要比实际的线图稍大一些。

图 2-39　用刨子做轮包造型　　　　　图 2-40　用拷贝纸复制线图的侧窗

确定侧窗形状是整个侧面造型的首要任务,也是大侧面(Body Side)造型的基础。做侧窗的同时可以把车身侧面也大致整理一下,这样方便确定窗台线在三维实体上的位置。从图 2-41 中可以看到该造型的前轮使用了胶带,而后轮并没有使用胶带。笔者针对这种情况谈下自己的如下看法:"在模型的初期造型阶段,特别是草图创意模型(Sketch Model)阶段,模型师应尽量少用胶带,因为胶带在帮助你的同时,也会束缚你的手和思维。油泥模型前期的草图创意模型阶段是整个模型环节中最接近雕塑创作的时间段,在这个阶段,模型师的思维要自由、奔放,手和脑都不要太被束缚,要敢于放开,因此胶带建议留到模型制作的中后期再使用。"而且这个阶段的模型大可以保留刀齿,不用刮得太光,粗糙一点毛一点,反而有利于对造型的判断,更加有助于看清楚形体车身。

图 2-41　侧面造型的初步效果

该阶段还有必要把窗户面的高光大致修整一下,当然这时的高光不用要求太高,只需保证其有一定的光顺度,在可控范围就可以了,以便降低后期侧窗高光调整的难度,由于之后随着 A 柱到 C 柱还有流水槽做出来之后,窗户面刮削就很不方便,钢片的使用受到很多阻碍。另外由于车窗曲面变化微妙,确定形状之后也需要先检查车窗的曲率,这个阶段用黑色锡纸或黑膜检测比较方便高效,如图 2-42 所示。

第二章 前期概念创意模型

修好窗户面之后，需贴上相应厚度的蜡条，如图 2-43 所示，然后补上油泥，把 A 柱到 C 柱的区域做出来。蜡条的厚度为 1～5mm，可以根据需求选择不同厚度的蜡条，其好处就是有了厚度导向，沿着导向加油泥就能准确控制厚度。

图 2-42　用锡纸检查侧窗的高光与曲率

图 2-43　用蜡条做 DLO 边界的导轨

窗户外边缘做好之后，贴上胶带，用三角刀把 DLO 线修理整齐干净，如图 2-44 所示。前期概念创意小比例模型是草图创意模型阶段，主要用来寻找设计方向和确定造型理念，小比例模型应该是"放"的阶段，这个阶段不怕模型师"放"得太过，就怕太保守，要敢于"放"得开，不能太过拘泥，要把自己的创作激情尽情地释放，这个时候油泥刀在模型师手上应该就像武者的兵器一样，能够快、准、狠地进行模型创作，如图 2-45 所示。而到了全尺寸模型阶段，这样的机会相对来说就少了很多，那时需要更多的理性思想，严格恪守各项工程要求，进入"收"的阶段。

图 2-44　用三角刀清理干净 DLO 线

图 2-45　用油泥画线刀刻画清楚水切线

第四步就是沿着 Y0 把整个车顶、前后风窗玻璃、发动机舱盖和行李舱做出来。刮削时应先从大面开始，做出造型的基本形状，在大面完成前不要急于做小面，更不要过多地考虑细节。在粗刮油泥的过程中，头脑中始终要有模型的整体形象，同时参考线图和效果图，对油泥模型进行不断地审视、改进和调整，逐步明晰细节，完善整体，使设计方案更合理、合题、合意。

这几处区域的面积较大，为保证型面的连续性和平整性，制作时用力要均匀、平稳、动作流畅，钢片呈十字交叉或 45°斜角，不要只保持一个方向，而是要交叉刮削，这样不仅省时省力，模型表面还不易形成波浪，能够保证表面的平顺性。还有一种方法就是把刮片以接近水平的方式放置，来回地平戳油泥，如图 2-46 所示，平戳时要注意力道舒缓，刮片弧度保持一致。

图 2-46 用碳纤维板平戳车顶的技法

刮削过程中，一定要多锻炼双手对型面的感知力，培养手的触觉和敏感度。尤其是左手，用左手来回反复地触摸油泥面，如图 2-47 所示，通过手感去判断曲面的光顺与弧度，用手代替锡纸的检验。经验丰富的模型师用手一摸，便基本上能判断出形面质量的好坏和问题所在。之所以强调用左手触摸，那是因为绝大多数人的右手在生活中使用过多，比较粗糙，右手的敏感度相对来说不如左手好，对于培养自己的手感，最实在的方法就是贵在坚持。

对于风窗玻璃圆弧制作，需要注意如下事项：风窗玻璃的上半部曲率半径略大，下半部曲率半径略小，在刮削时，需要注意。对于某个曲率上的造型面，需要尽可能选用与这张曲面差不多大小的钢片，如图 2-48 所示，并能弯成同等曲率的钢片去刮削，选择过小的钢片刮削大面容易把型面刮得碎而不光顺，用大刮片做小面就更不现实。

图 2-47 用手去判断型面的光顺与弧度

图 2-48 用钢片刮削前风窗玻璃

发动机舱盖是车身造型设计的重要组成部分，这一段的 Y0 一般来说是调整时间耗费最多的部分，其不同的造型所反映出的车身气质完全不一样。在 Y0 确定的前提下，把油泥逐步加到 Crown 线的位置，然后把设计特征进行细化，如图 2-49 ~ 图 2-51 所示，最后与前轮包接顺，形成造型的初步整体效果，如图 2-52 所示。

图 2-49 用三角刀清理特征线

图 2-50 用细胶带贴发动机舱盖特征线

第二章 前期概念创意模型

图 2-51 用弧度钢片进一步刮削型面　　　　　图 2-52 初步造型的整体效果

多年的经验告诉笔者：初始的创意是最纯净、最原生态的，一般在第一轮制作中，设计师自身的创意还能尽情发挥，而当一轮结束之后，伴随着各级评审，这些初始创意就在评审者的意见要求下，逐渐地被改变或综合，而这种改变很难定义是好还是坏，但初始创意被稀释是肯定的，只是稀释程度的大小不同而已。在工作现场中，笔者常看到有些方案在第一轮做完之后，效果图的内容并没有完全表现出来，但时间已到，领导过来评审时，觉得模型体现出的设计有问题，并提出改进意见，这时初始的创意也就没有机会再去实现了。若在评审之前，模型就已经把效果图充分表现出来了，评审感觉不满意，要求更改，那无怨无悔，没有遗憾，但如果是因为模型师没有把这些创意完全地展现出来就被评审者要求更改，这是非常可惜而又遗憾的，某种程度上来说，这是模型师的失职！

所以模型师在造型初始阶段，需要牢牢抓住效果图的原始创意和第一感觉。效果图是设计师经过长时间深思熟虑所构思出来的结果，而且这些构想之所以能够入选并在油泥模型上体现，肯定有其存在并被认可的理由，模型师的职责就是去发现它的亮点，实现它，并用最快的速度把方案体现在油泥模型上，展现给评审者。

接下来的任务为重点刻画侧面造型，如图 2-53 所示。车身的侧面相当于人的身材，是决定车型比例的重要因素。造型时，一定要注意从各个角度观察车身上的线和面，以及它们之间的关系，尤其是俯视角度的情况，做模型时，笔者经常喜欢站在梯子或者其他的高处俯瞰模型，如图 2-54 所示，这个角度常常能带给人全

图 2-53 用钢片横向刮削，手指均匀分布，用力均衡

新感受，可以更好地统观全局和整体，从中发现问题找到灵感。

在所有造型充分表达之后，模型师往往会发现效果图上有些部位的构想在模型上是不合理的，这时便需要和设计师充分沟通，同步更新效果图。有时候在做模型过程中，会突然发现模型和效果图不一样了，其原因可能包括设计师中途改

图2-54 俯视图的统观全局

变想法、模型师表达不到位、受评审的影响。面对这些情况,就要找出问题并解决,无论是更改模型还是更改效果图,务必要保证在下一次评审的时候,模型与效果图保持一致。

这里向大家介绍一种快速塑造3D线和造型面的简单方法——欧美模型师称之为"Over Build"。这种方法做法如下:先用两个手指通过挤压的方式,堆出一条3D线,然后敷上足够面积的油泥,用刨子快速刮削出造型面,之后再用刀和胶带刻画出边界线,并补上胶带以下部分的油泥,最后再用刨子呈45°斜角交叉刮削,图2-55~图2-60为"Over Build"的主要步骤,图2-61为最后的效果。这种方法快速简单,非常适合模型的前期造型阶段使用,其仅仅借用一把刨子即可完成,根本不需要钢片工具。

图2-55 用两个指头堆泥

图2-56 用刨子快速塑形

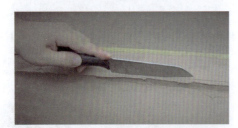

图2-57 用刀刻出分界线

图2-58 贴上胶带

图2-59 补上胶带下方的油泥

图2-60 用刨子塑形

接下来的制作重点就是车头造型,做车头须先确定格栅的位置。格栅作为一个品牌、一款车型的典型DNA符号,是品牌精神重要体现之处,极大地影响着车辆在消费者心目中的识别度与认知度，因此需要引起高度重视。一个品牌的格栅气质需要及早确定，并且在确定之后不要大幅度地改变，否则会非常不利于客户对该品牌文化的认知，例如宝马汽车的"双肾"式格栅多年来从未改变，只是在细节上更加精致、丰富，所以格栅的形状与制作过程需要严谨推敲，如图2-62所示。

图2-61 最后效果

车辆头部线条和曲面的穿插关系非常复杂，是车身型面交接转折最多的地方，需要耐心细致地制作，如图2-63所示。车头造型时也不用一直只进行车头造型的工作，有时可以穿插着进行其他部位的造型，比如车的尾部或者侧面，这样既保证了模型上各个部位的整体进度，又不至于陷入某些局部，产生感觉和视觉上的疲劳。

图2-62 用耙子做出格栅的大体形状

图2-63 用刮片清理细节

图2-64 用刨子快速地做出尾部粗型

对于缺乏经验的模型师在做模型时，每做一个部位就应该去看看真车的相同部位，多看不同的车相同部位的不同处理手法，这对于理解车的形体结构，对于今后模型的处理会有巨大的帮助。

在刻画局部造型的时候，不能忽略整体的概念，要经常性地回到整体的角度，如果哪个部位没有符合整体要求的话，都有必要重新调整，比如进行头尾造型的同时，部分侧面造型也可以连带处理。有个故事，当年，罗丹在做巴尔扎克雕像时，人们都夸奖巴尔扎克的手做得非常好，罗丹听后则立即用斧头把手砍掉，因为他要的是整体,而不是局部。整体是第一重要的,当细节与之发生冲突时,再完美的局部如果不符合整体气质,那也得忍痛割爱,以取得最佳的整体效果。

模型制作中,模型师往往利用点、线来塑面,进而由面组合成体,由大面深入到小面,由小面进入到细节,最后回归到整体,并在模型上反复比较,确认各面的连接、过渡和平滑程度是否达到设计要求,并调整多个基本形之间的比例关系及整体感觉。

在这里有必要对反弧面的做法作个重点介绍,反弧面是一个负形,在空间位置上相对于正形来说属于低点,低点的塑形某种程度上来说比高点还要难,负形的特质属"阴"与"虚",正型的特质属"阳"与"实","阴虚"的东西总是比"阳实"的东西要缥缈虚无,难把握一些,这里撇开正负形、高低点的造型艺术感染力与处理手法,单纯从技术角度来讲讲负形的刮削技巧。刮削反弧面,有个原则为无论反弧面多大、多深,一定要选用能完全贴合这种弧度的刮片,如图2-65、图2-66所示,换句话说就是刮片的弹性与大小要能被手凹成与反弧面一致的弧度,并能保持完全贴合的弧度顺着反弧面的理论交线刮削,过程中既不要歪斜,也不要停顿,否则极容易出现高光不顺与褶皱,当横向刮好之后,纵向再交叉刮削几下就可以了,过程中可以用锡纸检查确认。这里的关键点是务必用手把钢片凹成与反弧面一致的弧度,顺着理论交线流畅地刮削。

图2-65 用钢片刮削车身反弧部位(一)　　图2-66 用钢片刮削车身反弧部位(二)

前文说到"造型时少用胶带",而到了模型制作的中后期,为了精修模型表面质量,就需要采用胶带来完成后续任务,如图2-67所示。贴胶带时最好闭上一只眼,用另一只眼睛观察胶带断面,防止胶带有不顺的地方,贴胶带要保证曲线的平滑,避免出现抖动和褶皱,在任何角度都不能出现S形状,如图2-68所示。粘贴的时候右手要把胶带拉到适中状态,不能绷得太紧也不能太松,左手以一定的速度和弧度按压胶带,而且贴之前需要先观察好,做到心里有数,然后不紧不慢地进行粘贴,中间不要停顿,否则很难贴顺。

如果在断面上贴黑色胶带,特别是车身侧面的断面,如图2-69所示,那么通过观察黑色胶带的弧度可以判断造型面的断面弧度;通过观察几条黑胶带之间的距离是否平行、均匀可以判断前后断面是否一致。

图2-67 用黑胶带贴车身特征线

图2-68 检查胶带的光顺度

会观察模型有时候比会做模型还重要,如果只知道埋头做模型,不懂得观察,不善于寻找和发现问题,那不会是一个优秀的模型师。模型是三维立体的,如果仅从一个固定角度来观察,不可能获得全面的形态信息,必须从不同距离、不同方位进行多角度的观察,才能获得全面丰富的视觉输入。近看、远看、平视、仰视、俯视、镜子中看、倒过来看、冷眼看、眯眼看,不同的"看"带给人不同的感觉,能让你从中发现和寻找到不同的问题与灵感,如图2-70所示。

图2-69 通过胶带判断车身断面

图2-70 善于观察模型是做好模型的前提条件

比如简单的一条线,可能从侧视图看是好的,但从俯视角度看,立即能发现其中的问题,但一条好的线应该从任何角度看都是完美的。这就是"不识庐山真面目,只缘身在此山中",我们只有跳出固有的思维和角度,才能发现别样的风景。小到观察模型,大到人的一生,都会遇到各种各样的事情,无论事情好与坏,都具有正反两面性,好事有坏的一面,坏事也会有好的一面,就看你从哪个角度看待理解它。

说到观察,汽车造型上存在"100,10,1"法则:其中"100"是指100米处,一台车的轮廓和比例姿态能够吸引人,有回头率;"10"是指10米左右,车的形体、形态、型面、线条能够打动人,让人愿意细细揣摩,不忍离去;"1"是指1米以内,车身造型上的微妙变化和细节内容的丰富令人流连忘返。模型师和设计师当以此标准要求自己做出的模型,远看既简单且吸引眼球,近看细节上也有内容。

在车身各部位曲面、形体以及线性都确定之后,接下来就是精修曲面质量了,在模型精修阶段，需要对各个部位进行检验，其中包括检验是否有波浪，是否光顺以及高光走向和形状，如果存在问题，则需要调整和处理。检测可以用锡纸或薄膜：在模型上喷好水，用刮片把锡纸或薄膜贴到要检验的部位，根据日光灯反光照射来检验各个造型面的高光，如图2-71所示。

在图2-71中黑色箭头所指地方的高光塌陷了，需要把高光往上抬一点，使高光线顺畅。造成这种情况有两种可能：一种是塌陷高光部位的上部油泥少了，这就需要在上面加少量油泥；第二种是塌陷高光部位的下面油泥多了，需要把高光线下面的油泥打掉一点，把高光往上挤。经过分析选择了第二种办法，刮削掉高光下部的油泥，使塌陷的高光往上走，如图2-72所示，其效果比之前要好一些。黄色箭头所指的高光也是一样的问题，需要采用一样的处理手法，蓝色箭头所指的高光往上飞了，需要往下压，把高光接顺。其相关处理工作如图2-73、图2-74所示。

图2-71 用红色锡纸检查车身高光(黑色的会更明显)

图2-72 把黑色箭头所指高光往上挤

图2-73 效果好一些，但蓝色箭头所指高光依然不顺

图2-74 把黄色箭头上部的油泥再打掉一点，把高光往下挤

经过调整之后，最后的高光比之前好了许多，如图2-75所示，如果时间充足的话，一些细微的部位还可以再微调得更好，高光与造型一样，都是没有尽头的工作，没有最好，只有更好，永远都可以继续。比如高光调顺之后还可以再调形态，形态调好之后还可以再调高光细腻度，具体标准要依项目的节点要求与时间综合考量。调整高光是一件非常微妙有趣而又有挑战性的工作，也是油泥模型的核心技术环节，高光反应的不仅仅是高光本身，也是型面、形体在光的反射下的反应，简单来说，高光反应的是形体、是型面，所以抛开设计层面，高光是决

定模型质量好坏的重要因素之一,笔者将会在后面章节拿出一个篇幅单独讲解高光的形成规律与特性,另外调整高光的同时精刮曲面,为贴膜做准备。

贴膜之前需要先在油泥模型上刻出分缝线,如图2-76、图2-77所示。这只是标识线,不用太深,为的是方便将来贴膜的分块裁切和设计师贴线做好准备。另外还需用钢片精修以保证模型表面的光顺平整,因为在贴膜之后,油泥最细小的瑕疵和不光顺的地方都会显露出来。图2-78、图2-79是精刮后的最终模型效果,也是贴膜前的油泥状态,和贴好膜之后的光鲜靓丽相比,纯粹的油泥状态更有一种素净、质朴的美,更具有艺术气息。

图2-75 最后的效果

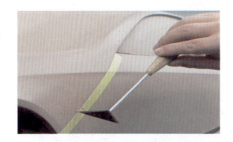 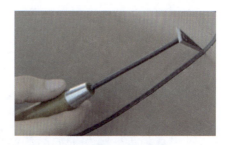

图2-76 用三角刀刻划分缝线(一)　　　图2-77 用三角刀刻划分缝线(二)

图2-78 贴膜之前的模型状态(一)

图2-79 贴膜之前的模型状态(二)

油泥表面光顺度的精细程度主要根据模型的要求确定。由于最后的用途不同，油泥的精细程度可以灵活控制。用于贴膜的精细程度要求最高，再小的问题在膜上都会突显；用于三维扫描的油泥模型要求次之，因为直接影响到数据采集和视觉外观；用于翻制玻璃钢的模型要求稍低，因为翻制出的玻璃钢模型还需要修补、打磨，当然，其表面越光顺，玻璃钢打磨与修补越轻松；对精细程度要求最低的是喷漆装饰，油泥喷漆之前，需要在表面敷一层泥子后再打磨，然后再喷数次底漆，这样可以填补很多缺陷，不过这并不意味着模型就可以不用做精细，只是相对来说有如此差异。

油泥表面虽然光滑，但只有附上金属膜才能完美地表现出汽车的形态和高光，所以贴膜是必不可少的一道工序。贴膜装饰是20世纪70年代发明出来的，设计者为了既能节约时间，又能达到判断造型的效果，发明了贴膜的方法，这就相当于在模型表面喷了一层油漆面，油泥模型精刮以后，可以在最短的时间内把模型装饰出来。

油泥模型装饰一般有贴膜和喷漆两种，装饰的种类与等级按设计阶段和目的的不同而有所区别。贴膜后有时也可以采取喷漆处理，来达到需要特殊颜色的效果，贴膜具有节省时间，环保卫生，有利于油泥回收的特点，但是价格非常昂贵。

贴膜所需的工具主要包括美工刀、橡胶或塑料刮片、纱布、水槽、喷水壶、胶带。

进行贴膜工作首先需要按照贴膜尺寸进行裁膜，将裁过的膜每张卷起，在膜背面标上记号，然后用喷水壶在模型表面喷上一些水，这样便有利于擦除模型表面的杂质，也有利于薄膜和油泥面的贴合。在薄膜的外表面也需喷层水，这样方便薄膜的刮顺。用塑胶刮片把膜与油泥之间的空气和水赶干净，使薄膜紧紧地贴附在油泥模型表面，膜的厚度只有40μm，因此操作时要非常仔细，不要使用蛮力，以免拉出皱褶。裁膜时须保证美工刀刃口锋利，边界整齐，刀口呈45°角裁切效果最好，经过拉伸的膜要充分醒透之后再裁切，以避免回弹。膜贴好之后，第一时间再检查一遍贴好的膜，保证膜边界的平整，祛除小水泡、气泡等瑕疵。贴膜工作的相关步骤如图2-80～图2-83所示。贴膜后的效果如图2-84～图2-86所示。

图2-80 贴膜之前先喷水擦干净车身后再次喷水

图2-81 贴膜顺序由上而下，因为水往下流

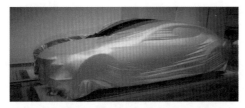 

图 2-82　比例模型比较小可以以整张膜包覆　　　　图 2-83　处理细节

图 2-84　贴膜后的效果（一）　　　　　　　　　图 2-85　贴膜后的效果（二）

图 2-86　贴膜后的效果（三）

> **小贴士**
>
> （1）模型制作过程中，用 Foil 检查高光时，内外表面都不用喷水，直接用刮片或者纱布把 Foil 捋顺即可，因为油泥表面接触过多水的话，将会影响到模型油泥表面的刮削。
>
> （2）如果贴好膜之后，发现质量有问题，需要修补和换膜，则需要用纱布把油泥表面的胶擦拭干净。
>
> （3）贴膜要由上往下先贴顶部，贴好膜后第一时间在表面水汽还没有干透的情况下，拿干净的干纱布把膜整体擦一遍，这样膜的表面光泽度将非常鲜亮。

至此，整个车身小比例油泥模型的制作过程就全部介绍完毕，其中有五点需要引起注意：

（1）透彻地理解设计师的设计意图，了解所做车型的气质特性，与设计师充分沟通达成一致。

（2）从已确定的基本部位开始造型，逐步向未知的世界探索。

（3）先整体后细节，最后再整体，细节在整车基本成形之后再入手。

（4）制作时，头脑中始终保持着完整的设计要求与方向，不要偏离设计主题。

（5）眼、脑、手是做好模型的核心三要素，锻炼眼力、勤于动脑，放开双手。

如果用更简洁的话语概括，油泥模型就是六个字——"理解、实现、优化"。

最后，在这里想聊个"理性与感性"的话题。

泛亚模型团队曾讨论过模型师应该属于理性还是感性的问题。最后得出，模型师是一个理性加感性的职业，但感性的艺术成分应该更多一些，之所以这么说，是因为感性更多地意味着感觉和创造。设计师在设计方案和造型探索的阶段，已经接收了工程师太多的理性建议和严格要求，在数模阶段，数字师也时刻帮助设计师控制好精度与工程的问题。这时候，设计师其实希望能有个感性的朋友和自己一起战斗，并肩创作，他们希望模型师站在油泥模型面前的时刻，能充分释放自己感性的艺术特质，加入到创作中来。但这并不代表说模型师不需要有理性的一面，模型师的理性应该主要放在前期的骨架基准搭建、后期的精修与点云交付这几个阶段，而中间的设计创意和概念创作，一定要像艺术家对待自己的艺术品一样，满怀创作的激情，放飞思想的火花！尤其在做小比例模型过程中，更要充分地释放自己，不要过早地被各种工程要求给约束，只要守住关键的长、宽、高、轴距等硬点要求，同时也不要被效果图完全框死，小比例模型这个阶段的模型设计制作需要大胆和大刀阔斧，在尊重效果图精神和风格的前提下，需要适当地夸张来突出造型特点，不然由于小比例模型体量小的原因，设计特点很难突显出来。模型师在创造模型创造设计的时候要感性，但在做项目做事情的层面要理性，工业造型的美就是理性与感性的协调一致，正是这种协调一致才是它的魅力所在。

第三节　内饰小比例模型制作

——内外兼修，方得统一

内饰油泥模型就是在车窗、车门等部件所围成的空间内制作出来的模型，内饰油泥模型和外饰油泥模型的目的一样，都是为了把设计师的设计方案用实体的三维模型表现出来，使模型的效果接近真实的汽车，从而为决策者对设计方案的评估，提供一个好的评判媒介。

汽车内饰除了美学之外，更多地要考虑校对总布置尺寸、人机工程分析等。车的外观是给别人看的，内饰是留给客户自己用的，内饰设计的好坏是客户最能感受体会到的，是设计师的一大挑战，同时也是设计师最容易出成绩的地方。内饰在型面高光的变化上，比外饰造型要简单很多，但型面交织的复杂关系和工程的诸多要求，相较于外饰又要复杂得多，由于这些原因，因此在确定了设计方向的基础上，模型的构建更多地依靠电脑数字技术，依靠计算机，从而使各项复杂的工程要求能够更好地得到精确控制。

制作油泥模型前，需要总布置工程师先确定内饰布置，绘制内饰的布置图，确定工程硬点和总布置要求，确认仪表板、车门、座椅与总布置图的一致性，确认内饰与外形的关系，具体内容如下：

（1）驾乘人员的头部、肩部、腿部及身体其他部位空间是否合适，有无任何压抑的感觉。

（2）是否有清晰的视野以保证合适的驾驶感受，确定眼点、后视镜位置和H点位置。

（3）开关、转向盘、旋钮、操纵杆等操纵部件是否在手可伸及界面内，并且容易方便操作。

内饰模型包含许多小部件，包括仪表板、转向盘、中控台、车门内饰护板、座椅等，因为部件众多，所以在制作过程中，务必确保所有部件的形状风格统一，从而显得更加整体。

一般来说，内饰模型会先做两个1∶2小比例油泥模型，用以探索和确定设计方向。在制作小比例油泥模型前，设计师还需要构思草图，绘制效果图，并在方案确定之后进入1∶1全尺寸阶段，在全尺寸阶段基本上是以数字建模为主，数模建好后，用数控机床铣出造型。

以下是别克 GL8 商务车内饰主题阶段 1∶2 小比例油泥模型制作过程。

图 2-87 是设计师绘制的完整效果图，从图到模型，最大的困难就是二维到三维的形体、形态、结构的转化。内饰小比例模型完全是纯手工制作，不需要数字建模也不用机床铣削，模型的制作全部依赖模型师的双手与设计师的效果图，所以对效果图的要求比较高，另由于内饰部件繁杂众多，所以要求设计师在效果图上都要表现得清楚到位。

模型制作的首要要素是骨架，如图 2-88 所示。由于小比例模型主要是用来尝试创意理念和确定设计方向的，所以对于骨架的要求比较低，用料以厚度为 20mm 左右不易变形的细木工板为主，以总部置提供的数据为骨架制作依据，骨架做好后在仪表板和门板上搭好泡沫，泡沫内芯尽量用完整的一块，锐角要倒成大圆角。模型左右的尺寸可用作外门板的尺寸，内饰基座的高度就是骨架地板的高度，骨架底座可以安装滑轮，以方便模型的移动。

图 2-87 设计师绘制的内饰效果图

图 2-88 内饰骨架与泡沫效果

对内饰来说，H 点的位置是最重要的先决条件，直接影响到头部空间和其他造型，甚至影响到内饰件的比例，如图 2-89 所示。好的内饰应该带给人舒适的空间与更好的坐姿，现在国际的趋势是内部空间越来越大，外部尺寸越来越小。

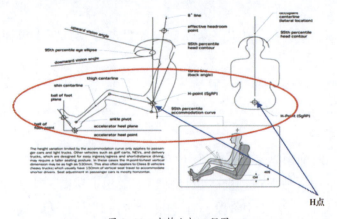

图 2-89 内饰人机工程图

如图2-90所示,在泡沫内芯材料上添加30mm左右厚度的油泥,如果油泥过厚模型会过重,油泥容易脱落,如果油泥过少,在设计更改时,容易露出泡沫骨架。

贴泥的时候,为了方便控制油泥的厚度,可以先在外表面做一些所需尺寸的凸台,贴油泥的具体方法在外饰小比例模型上已经介绍过了,这里不再赘述。贴泥时注意保证敷好的油泥应大致体现设计特征和比例关系,甚至可以强化设计特征,以避免粗刮阶段造型时,因油泥不够而需要重新加泥。贴泥的过程如图2-91~图2-94所示。

图2-90 贴敷底层油泥

图2-91 贴泥之前先做个高度凸台

图2-92 在泡沫内芯上添加油泥

图2-93 对照着凸台高度加油泥

内饰的制作,首先是确定边界的位置,如图2-95。制作时,首先复制线图轮廓,做型板,找好引导面,用型板的时候,需要趁油泥还是软的时候刮削。内饰的工具和外饰基本相同,只是异形钢片和特殊工具用的比外饰多,所用材料也差不多,都是以油泥为主,但到了后期,两者所用材料的差异化就体现出来了,外饰主要是贴Dinoc膜,而内饰则更多地用皮纹膜和乳胶漆做装饰。

图2-94 初期造型

图2-95 确定边界位置

内饰设计比外饰设计要求精确严密许多，对工程各类硬点的检查很有必要。造型初期需要多次测量总布置图和线图，分析参考点、特征线，使用游标卡尺在油泥上标注准确的采样点，以保证模型的精准度。采样点标注完成后，用刀或胶带将这些采样点连接起来，形成各个面，这些采样点连接成的线就是面的边界线。采样点越多，模型尺寸越准确，如图2-96所示。

在模型确定了基本的尺寸和外形之后，就要做进一步的设计推敲，这一阶段是模型制作的重要阶段，这个阶段是考验和挑战模型师造型素养的关键时刻。首先需要与设计师商量推敲不同部位的比例关系，再确定各部位的形体结构。模型师除了理解设计意图之外，还要将注意力集中在对整个油泥造型面饱满度的把握上，型面的饱满度会对下个阶段用胶带表达线性有很大的影响，这个阶段的模型制作要充分发挥模型师个人的审美观和主观感受，如图2-97所示。

图2-96　明确各条特征线

图2-97　造型的初步整体感觉

油泥模型制作的同时，已经用机床铣削了两个泡沫座椅，放在里面主要用来验证空间和检查造型。这个时候可以考虑把椅子试安装一下，以更好地确定各项数据，如图2-98所示。

如果在看了整体效果之后，发现了许多造型上的不足之处，则需要进一步改进，或贴上胶带，或用油泥刀重新确定新的设计特征线，如图2-99所示。

图2-98　放上门板和座椅的效果

图2-99　继续更改造型

内饰模型有许多曲面，相对于外饰模型要复杂一些，刮削原则是配合造型选用合适的刮刀进行刮削，最后用薄刮片修整。由于有些部位造型特殊，还要选用圆形刮刀、线性刮刀、异性刮片等特殊工具，也可以使用一些特制的卡板，刮削时需要区别对待。

钢片的使用方法和注意事项与外饰模型并无不同，都要求手指的用力要均匀分布在刮片上，防止受力不匀、刮片变形。用软钢片刮削光滑圆角，用硬钢片刮削较为平坦的面，如图2-100所示。内饰对高光的要求较低，没有外饰模型那么严格，所以钢片的使用比重较外饰小很多。如果模型表面有气泡或凹陷，可用油泥刀扎破，如气泡较大还需与凹陷的地方一起填补油泥，填敷时要按紧并延伸，以免起层脱落，然后再重复上面的步骤。

形体转折面的处理是很微妙的，需要多留心，处理得好会使造型富有变化，趋于完美，处理得不好，会与周边部件显得突兀不和谐，如图2-101所示。油泥表面质量达到一定标准后，需要设计师用胶带强化他们的设计意图，体现部件的分割，同时，通过观察胶带，模型师也可以检查出曲面和线条的质量问题，如图2-102、图2-103所示。

图2-100　用钢片光顺造型面

图2-101　比较完整的整体造型效果

图2-102　用胶带贴边缘线作后期精细处理

图2-103　用三角刀沿着胶带导向清理边界线

内饰将驾驶舱部分归类为左右门护板、天花板、地毯、仪表板、行李舱等，这些部件的综合叫作内饰架，简单的内饰架在前期制作中完成。制作过程中，要把左右门护板与IP当作一个整体来看待，包括线性关系、型面呼应，而且需要经常检查它们之间的相互对应关系。

造型从理论上来说，比较好的做法是由内而外，即内饰造型基本确定好之后，才开始做外部造型,但现实情况是外饰造型启动了一段时间之后,内饰才开始造型,现在内饰的工作是建立在外饰的框架基础之上的。

汽车设计有其严密的程序和逻辑性,到了这个阶段,经过设计推敲,设计方案已经完全确认不需更改了,此时模型师可以脱离设计思维,纯粹以匠人挑剔的眼光去检查模型每个型面、线条的质量和做工,为模型后续工作提供保障。

内饰造型上有很多奇形怪状的地方,你不得不想尽办法用上各种工具,所以很多内饰模型师都会根据自己的心得经验,制作很多自己比较喜欢的特殊工具。做内饰如若工具不到位,面对诸多细节部位时,有力也会使不出,在内饰模型上充分显现了各种工具的重要性。

如图2-104所示,用油泥刀轻轻地把一些模糊的相交线勾画清楚,油泥刀在内饰油泥模型上的作用非常大,每位模型师都有自己爱不释手的一把油泥刀。曾经有一位同事因为出差将工具托运,最后导致油泥刀遗失了,他整整郁闷念叨了半年,用其他的刀怎么都不习惯,这就像是自己喜爱的兵器一样,都视之为宝贝。

图2-104 用油泥刀刻画设计线

在精刮油泥的过程中,凡是能引起明显光影变化的特征与R角都需要制作到位,体现设计要求,以符合设计主题,犹如做菜加入一些调料,菜品的口感会显得丰富细腻一样,适量精致细节的加入,将会使模型的制作倍添乐趣与美感,更可以丰富模型的视觉元素,大大提升模型的精致度,让评审者感觉到模型上有更多的内容可看。内饰的型面本身就比较琐碎繁杂,大面比较少,更多的地方需要用细节来体现,丰富的细节在内饰油泥模型上显得尤其重要,内饰模型的追求就是炫酷有型、极致仿真,以假乱真,如图2-105所示。

谈到细节,其中缝线就是重要的细节之一,贴上黑胶带作为导向,沿着胶带用缝线滚轮滚制出缝线纹路,使油泥涂装接近真实皮纹效果,用滚轮滚的时候,要掌握好手上的力度,力道太轻,机理效果不强,太重则分不出层次感。同时要保持滚轮不能偏离胶带导向,任何一点偏移都会影响整条线性的美观,需要保持方向,一气呵成,如图2-106~图2-108所示。

在整个内饰的造型全部完成后,将转向盘和车门都安装上,确认整体效果和视觉感受。由于小比例模型主要是用来研究设计方向的,所以这上面的车身附件用纸质的二维贴图就可以了,到1:1全尺寸阶段再制作RP样件。

图 2-105　用小刮刀精细处理细节

图 2-106　用工具做出皮纹缝线的效果（一）

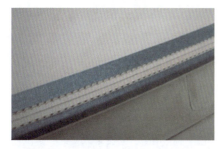
图 2-107　用工具做出皮纹缝线的效果（二）

图 2-108　滚轮工具滚制出缝线场景

小比例模型的作用是设计主题的确认，很多工程数据并没有得到充分验证，所以在最后都是平面装饰。主题模型方案确认后，将会进行扫描，工程师将扫描得出的数据与总布置数据校核，设计师与数字师会以此为依据，制作数模，并进一步优化设计方案，从而为 1∶1 全尺寸油泥模型的展开打下坚实基础。

总体来说，影响汽车内饰造型主要有以下几个因素：

（1）设计美学——造型美观。

（2）机械工程学——能够行驶，坚固耐用。

（3）人机工程学——驾驶容易、上下车方便、乘坐舒适。

这几项都与内饰造型紧密相关，图 2-109、图 2-110 就是小比例内饰模型最后的状态。豪华陆上商务舱的实现就是从这里开始萌芽发展的，看到这里，有没有感受到模型制作是一件神奇而有意义的工作？

图 2-109　加上 2D 图片装饰后的最终效果

图 2-110　把泡沫座椅喷上油泥色漆放在模型上的效果

第三章　后期产品主导模型

——"衣带渐宽终不悔，为伊消得人憔悴"

后期产品主导模型主要是在前期设计方向已经明确的情况下，在小比例模型选取最佳的造型方案之后，先用机床按照扫描数据铣出1:1油泥模型，然后再把设计日臻完善，把方案优化到符合量产的标准。如果用战争术语形容全尺寸油泥模型的话，就是到了设计开发的"肉搏""拼刺刀"阶段。这时候不再是纯粹的造型设计，更多的工程要求、人机关系、空气动力学等都密集轰炸式地介入，并要在模型上体现，在这期间造型面的光顺度与精确度的要求愈发严格，都是以mm来计，所以在这个阶段经常可以看见一大群工程师围在油泥模型周围争论不休。这个过程中的模型工作已不再是纯粹地围绕油泥了，模型师还需要时刻与工程、数字等团队配合协作。

全尺寸油泥模型就是指与真车一样大小的1:1原尺寸油泥模型，模型的轮廓和尺寸都是严格按照要求制作出来的，设计人员可以对造型继续修改和优化。全尺寸油泥模型分为外饰油泥模型和内饰油泥模型，这个阶段的模型是设计迈向量产的关键时期，是今后量产车的依据来源，所以这阶段的工作，要求模型师务必认真仔细，任何一项细节都马虎不得。

全尺寸油泥模型的制作对于造型方案的深入优化和细节推敲非常重要，没有什么比一个与实物等大的立体模型来得更加直观、更有说服力。装饰之后的全尺寸油泥模型是高仿真产物，有些模型表面还喷涂油漆，与真车可谓雌雄莫辨。这期间模型上的一些车身附件如前后照灯、雾灯、刮水器、门把手、散热器罩、后视镜等都会做成RP件安装在模型上，车轮也一般会用上真轮胎与真轮毂。

这个阶段的模型会更多地关注设计上的细节，一条线的走势、一个反弧线的微妙变化、一条高光带的高低，都有可能影响到整台车的气质和品味。尽管消费者在看汽车外形时，未必会意识到这些细节所起到的作用，但事实上一台车的造型风格和个性特点就是通过传递这些感情色彩的细节累积而成的。如何评价一台车设计的好坏，细节就是最重要的评估元素之一。好的车型不仅从10m、20m处看时帅气动感、吸人眼球，近观和零距离的细节触摸时也是丰富而又有内涵，各部位的造型语言关系协调，造型令人赏心悦目。

  在全尺寸模型的初期，外饰在数量上一般做两个方案，然后选出一个或者合并为一，内饰大部分都只做一个。当然数量的多少主要依据项目的重要性和人力资源的情况具体对待，奔驰历史上就曾经出现过一个项目同时做九个全尺寸外饰油泥模型的案例，可以说是把1:1当作小比例来做。与此同时，这期间油泥模型的风洞实验也进入了密集试验期，试验的主要内容是模拟车速在100～200km/h的状态下，测试风阻力、噪声和偏航力矩等数据，然后设计人员在这些数据的基础上修改造型，以取得对整个车身空气动力性能最优化的设计。

第一节　外饰全尺寸油泥模型制作

——十全十美虽未必能够达到，但却值得我们孜孜以求

我们继续以别克未来Ⅱ概念车为案例，详细阐述全尺寸油泥模型的制作过程。还是先从骨架说起，全尺寸模型的制作顺序和1∶3小比例模型大致一样，但骨架的做法不同。小比例模型的骨架是用板材，而全尺寸模型的骨架则是用金属材料制成，骨架制作要严格按照设计尺寸进行，焊接要牢固，做好之后要放置一个月左右，等材料的应力释放完毕后方可使用。骨架一般用方钢制作（铝合金、钢管、木材），如图3-1所示，然后按骨架间距裁好20mm左右厚度的充分干燥过的木板，用拉铆枪把木板固定到骨架上，如图3-2所示，再用胶水和螺钉把泡沫贴在多层木板上，也有时把泡沫直接贴在钢骨架上。骨架设计时要把前后轴设计成能够转向的万向轮，骨架的四个顶柱设计成能拆卸的，这样对后期模型的移动会带来很多方便。国际上有些先进的做法是用Alufix铝合金型材制作骨架，骨架上有许多孔，对于拆卸和组装不同尺寸的模型都很方便。其优势包括：高强度、装配迅速和简单、能组装成不同大小尺寸、所有单元均可重复利用、质量轻、无腐蚀、高精度，但是价格昂贵。

图3-1　全尺寸模型骨架

图3-2　铺上木板之后的骨架状态

骨架工艺具体要求如下：

（1）保证后期加工中骨架不与型面发生干涉。

（2）设置轮胎安装位置，设计好车轮安装附件。

（3）方钢要进行除锈处理，表面涂一遍底漆、二遍面漆。

（4）按车身结构设计模型骨架，预留快速样件安装位置（如前后照灯、雾灯、格栅）。

（5）满足叉车装卸和起吊要求，确保骨架在后期加工和装卸运输过程中不

变形，不开裂。

（6）强度要求承重2t以上，骨架质量在0.5～0.8t，模型加工后总质量在1.2～2t。

骨架搭建完毕之后，如图3-3所示，就可以通过数控机床铣削造型。图3-4、图3-5就是根据小比例模型的点云数据用机床铣削出来的1∶1全尺寸形态。以往惯例是直接加工成1∶1的油泥模型，但在这次别克未来Ⅱ概念车上，我们大胆地尝试了一下新的方式，依靠点云数据用机床直接铣出1∶1泡沫模型，把特征线、风窗、格栅和前照灯涂黑，直接拿到室外评审，评审之后Off-Set 30mm泡沫再加油泥。油泥模型从1∶3到1∶1转变之后，由于体量的巨大改变，带给人的视觉感受将完全不同，所以到了1∶1阶段，很多地方的调整将是肯定的。看泡沫模型可以尽早发现问题，然后在数模上立即更改，把大而明显的问题修正之后再加工铣削出完整的油泥模型，这将极大的节约设计时间和成本，提高效率。

图3-3　全尺寸泡沫骨架内芯

图3-4　泡沫模型评审侧视

图3-6是第一章介绍到的块状贴泥技法，具体手法这里不再重复，但有两点注意事项需要说明：一是要人多，一气呵成地贴完，效果最好；二是冷了的油泥务必要用热烘枪加热，否则，冷热油泥黏合不牢固，会产生许多问题，为将来的模型精刮埋下隐患。

图3-5　泡沫模型评审前45°

图 3-7 是设计师们创作概念车细节的现场。从这张图，我们可以感受到图面上一条线、一张面的来之不易，这些都是设计师苦思冥想，艰辛创作的智慧结晶。对于模型师来说，有责任与义务把设计师的这些心血之作，用最好的方式表现出来，用最优质的模型再现，这既是一份责任，更是一份荣耀！

图 3-6　贴敷油泥工作场景　　　　　　图 3-7　设计师创作现场

图 3-8、图 3-9 所示草图中构思了尾部和车身的几种设计可能性，模型的优势就在于可以反复的尝试，如果效果不满意，也能够推倒重来。但从模型师角度来说，还是希望方案能尽早通过，至少设计方向能尽早明确。

图 3-8　进一步创作的尾部图绘

图 3-9　各角度的手绘视图

对着图制作模型，某种角度可以看作是素描写生或雕塑写生，写生的关键是动脑筋思考观察，只有充分理解之后，再指挥你的双手，否则很容易走弯路导致失败。有些模型师工作时，只是看到浮在图上的面和线，看一眼、做一下、再看一眼，没有真正地理解吸收消化。比如图是想要强调运动感还是宁静气质，是想表达力量肌肉还是柔美优雅,是想追求线的飘逸洒脱还是追求面的沉稳大气,只有真正理解图背后的这些核心精神,才能知道怎么处理和构建模型上的线、面、体。要知道,每条线、每张面、每个体块,都是有它们独特的情感特征和气质性格,长一点还是短一点,饱满一些还是平直一些,组合在一起,都会形成不同的整车气质,只有真正了解图绘背后想要表达的东西,模型上才知道该用什么样的线和面去匹配实现这个设计主题,否则差之毫厘,谬之千里。

做这次概念车油泥模型之前,团队尝试着用纸捏了一个纸质模型,用来展现设计师想要的型面和形体特征,如图3-10、图3-11所示,简约、大气、动感、优雅是这台纸质模型所传递出来的,也是别克未来Ⅱ所追求的,正因为在这个阶段就已经明确好了车身气质和设计方向,所以模型师在后面的油泥模型工作上,一直围绕这个设计主题进行刻画,没有在大方向上浪费过多时间。

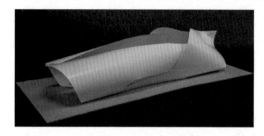
图3-10 纸质模型(一)

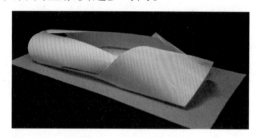
图3-11 纸质模型(二)

在做模型之前,特别是在平时,模型师还需要了解各种车型的风格特点和品牌精神。正如前文所述,中庸风格的车、运动风格的车、公务用车、跑车、家用小车的造型特点迥然不同,风格各异,在造型语言和表达方式上必然要区别对待,模型师做造型的同时,如果能对这些造型语义有所研究的话,那在型面线条的处理上就会游刃有余,对模型的最终效果将会带来极大帮助。所以模型师在日常工作生活中应多花些时间了解各类品牌车型的性格特点,研究探索设计中的线、面、体等造型语言的应用规律,在工作中为"我"所用,这就是"功夫在诗外"的道理。

图3-12、图3-13是在泡沫模型评审之后再调整铣削出来的全尺寸模型,这个阶段必须要经常拿到室外自然光线下,远距离观看,以便更好地观察姿态与比例。从图中可以看到,这个设计状态与最后的展车在很多地方的感觉还是比较接近的,这就是小比例模型的价值所在。小比例模型是未来最终样车的雏形,它奠定了设计方向,确定了车型的比例、姿态、基调格局,是非常重要的阶段,小比例模型做好了,未来全尺寸造型上将受益匪浅、事半功倍,基础夯实了,路才走得稳而远,对于小比例模型,需要引起更多人的重视。

带领概念车项目时，笔者常邀请设计师在模型团队面前，陈述他们的创意理念和构思想法，这样做的目的主要有两点：一是希望让每一位模型师都能充分理解设计师的设计意图，做到既知其然也知其所以然；二是希望提高模型师的设计素养，这个过程中，模型师会与设计师充分沟通探讨，仔细聆听，发表意见，进行思想火花的碰撞，很多灵感就自然而然的产生了。

图3-12　初次评审后的全尺寸模型效果

再好的思想创意都需要在模型上实现，通过油泥模型推动创意的升华与完善，模型师和设计师彼此间的交流沟通，极大地影响着模型的最终设计质量。在概念车项目上，每周都会有固定时间用于设计师与模型师的头脑风暴环节，如图3-14所示。设计师和模型师的力合在一起，形成合力，才会一加一大于二，模型才会有生命，力合在一起，需要建立在双方互相理解信任的基础上。设计师和模型师能否达成共识，能否站在同一个立场面对模型理解设计，决定了最终会碰撞产生出什么样的设计与模型。

图3-13　评审之后回来一系列需要改动的地方

图3-14　设计师与模型师一起探讨更改方案

图3-15是全尺寸模型最初造型时的场景，当时侧面与头部的设计方向已经完全明确，只要沿着设计方向深入刻画即可，后尾的造型还一直在摸索尝试新的想法，所以从图3-16上可以看到左右两边的造型完全不同，P-side（副驾驶侧）这边是比较接近小比例状态的，D-side（驾驶侧）是最新的尝试，中间放的是一面镜子，用来看对称的效果。

从图3-16中可以看出，A柱到C柱的位置是人站立时，与人的视点最接近、眼睛最容易看到的地方，并且它是车身侧面和车顶以及内饰连接的部位，这个地方的处理非常考验模型师的能力，这其中有如下几点需要注意：

（1）DLO 和窗台线可以有弧度，但不能做成 S 形（主要指从前视、后视和俯视角度看）。

图 3-15 造型的工作现场

（2）A 柱细，C 柱粗，这是一个渐变的过程。

（3）DLO 的风格应该和 Y0 的风格保持一致性，特别是俯视角度上，曲线关系要协调。

（4）窗台线应该和前后窗下线视角上是顺连的，有前后承接关系。

做全尺寸模型时，当初的小比例模型也还需要保留，一是为了对比参考，二是有时候全尺寸模型更改地过于频繁，有些部位的最后设计效果未必满意，偏离了最初的设计意愿，这时就需要重新找回小比例模型上的设计方向和造型理念。如图 3-17 所示又回到小比例模型上重新研究，分析当初小比例模型的断面特征和型面关系，图中的几条胶带就相当于侧面的分割结构和断面关系。

图 3-16 尾部造型的左右两个方案

图 3-17 不忘初心——回到小比例模型上研究

经过商量，全尺寸模型之前做好的侧面断面需要改动。具体做法是：首先贴上胶带保护好肩线，如图 3-18 所示，肩线的倾斜角度和线性气质非常重要，它影响到整个车身的态势，是决定车身气质的重要线条。

贴好胶带就可以开始上泥塑形了，对于大侧面的塑形非常讲究节奏与技巧，有些模型师做大侧面时，很快就会使用刮片工具，费了九牛二虎之力把造型做好之后，如果设计师对造型稍做调整，在大侧面哪怕仅有 1mm 的改动，都有可能牵动整个大面重来，正所谓"牵一发而动全身"。侧面是整个模型面积最大的部位，也是工作量最重最辛苦的部位，如果掌握不好技巧与节奏，将挥汗如雨、异常劳累。

图 3-18 保护特征线，更改大侧面

图 3-19 贴好胶带之后，在侧面加泥

正确的做法是先用耙子或刨子快速塑形，如图 3-20、图 3-21 所示，刮片在这个阶段尽量不要出现，只是偶尔用下长碳纤维板检查光顺度即可。如图 3-22、图 3-23 所示，只有在断面曲率和大面光顺度接近预期，在造型设计方案得到正式确认之后，才用刮片精修曲面质量和高光。不同阶段分配不同程度的体力，这样才能提高工作效率，同时又能避免不必要的体力浪费和无用功。

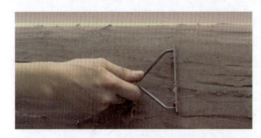

图 3-20 用大耙子快速塑型

图 3-21 用刨子快速塑型

用长碳纤维板检查光顺，像图 3-22 中漏光的地方就是油泥缺失的部位，需要补上油泥。用长刮片垂直于模型表面用力拉出一道印记，通过查看拉出的痕迹是否一致，也可以判断模型表面的盈亏和平整度，如图 3-23 所示。

图 3-22 从下往上通过漏光检查曲面光顺度

图 3-23 用长刮板刮削、检查大侧面

做模型期间适当地运用一些技法，可以方便模型的制作，比如用钢带、胶带、鱼线或金属线做导向刮削油泥。这里介绍下鱼线的使用用法，具体如图 3-24 ~ 图 3-26。

（1）用刀或者三角刀在模型表面刻出所要的设计线。

（2）把鱼线埋在设计线的标记凹槽里。

图 3-24 用油泥刀刻槽埋好鱼线

图 3-25 用钢片刮削鱼线周边型面

（3）用鱼线做导向，用钢片刮削油泥面。

型面做好之后，鱼线就可以取出来了。鱼线在做模型过程中，对一些型面的保护非常有效。它的作用和胶带大致相同，但又比胶带更加牢固稳定，用了鱼线，刮削造型时就可以大胆放心了。

图 3-26 取掉鱼线

另外，再看两张用卡板做断面的图片。首先贴好胶带或者蜡条、ABS 板，用做好的卡板沿着胶带或者蜡条轻轻地分多次刮削出断面，如图 3-27、图 3-28 所示。

图 3-27 使用卡板做断面（一）

图 3-28 使用卡板做断面（二）

造型方案和断面曲率确定好之后，就可以用钢片刮削了，对于车身侧面，要用长而硬的钢板从不同方向和角度交叉刮削，这样表面不会形成波浪，同时需要横向刮削，如图 3-29 所示，这个方向的刮削决定着断面弧度，对于光顺也有着重要的影响，过程中，还需要适当地使用长碳纤维板纵向刮削和检查光顺，如图 3-30 所示。

图 3-29 横向刮削型面

图 3-30 用长刮板纵向刮削

当时做这个造型面时笔者用到了双层胶带，如图3-31所示，使用双层胶带的好处有两点：一是有利于保护型面，可以提早判别曲面的刮削余量，不至于做过头；二是因为双层，所以较厚，可以加固胶带的导向功能。双层胶带在油泥模型制作中经常被使用到。

粗刮完成之后，可以撕掉第一层胶带，如图3-31所示，然后进行精刮。车身侧面的中间部位，一般来说都是比较规则的断面，面对这种情况，也可以制作型板或者找到合适的曲率板来刮削和检查。模型师的精刮过程如图3-32所示。

图3-31　把双层胶带的第一层撕掉

图3-32　工作现场

接下来把车身侧面的下半部接顺，刮削时，X轴的前后方向与Z轴的上下方向都要交替刮削，这样才能保证型面的光顺。另外要注意手的摆放位置，如图3-33所示，手指的用力应均匀分布在刮片上，防止受力不匀，刮片变形，固定了一个姿势之后，刮削时需要保持住这个姿势：手指手腕不动，用腰部和大臂的力量带动小臂发力，从头至尾，一气呵成，如图3-34所示。

图3-33　手指的用力均匀分布在刮片上

图3-34　保持姿势，从头至尾

模型师在空间中与各种形体打交道，探讨各种造型的可能性，用三维立体模型表现出设计师心中的形象，完善设计方案，许多在图面中无法表达清楚的空间关系，在油泥模型上迎刃而解。有经验的设计师能画出更有可能实现的效果图，敏锐老练的模型师能把握、提取效果图中最重要的"精神"和"感觉"，要想在保证这些效果的前提下，让车子从各个角度看起来都不错，而不只是从效果图上看，这就需要模型师疯狂地反复尝试和调整了，模型师水平的高低直接影响到设计方案的质量和进度，优秀的模型师除了能充分理解设计师的设计意图，还善于抓住模型现场瞬间的设计灵感。

模型师不能只会做模型，更要善于观察模型，这对于能否做出高品质的油泥模型来说至关重要，前文对此已经有所论述，这里再谈一点，观察的要领之一是"跳出来看"，一个角度看久了会审美疲劳，更何况"横看成岭侧成峰，远近高低各不同"。就比如当你眯起眼睛观察模型时的感觉就如图3-35一样，相当于屏蔽了所有的车身细节，只看到形态轮廓、大的比例关系和一些重要的线条。换个角度感受新的视点，除了正常的侧视、前视、后视之外，还可以站在高处从上往下俯视观看，或者趴在地上仰视观看。

图3-35　眯起眼睛看模型时，屏蔽了所有细节，只看到形态轮廓、比例关系和重要线条

这里介绍几个特别的观察角度：在模型几米开外放一面镜子，从镜子中看模型的镜像，或者低下头从镜子中看模型的倒影，视觉上模型的整体被重新解构了，双眼的判断就不会被之前的惯性左右，注意力会从整体转到特殊的局部区域，或许就会发现平时没关注到的那些问题，这就像运动员某种动作做多了之后，他的手臂往往会记住这种方式，每次做出的动作轨迹都差不多，画图也一样，如果哪天没有画图感觉了，尝试下把画笔从右手使用换成左手使用，或许能够找到新的感觉形成新的风格也未尝可知。

观察模型有不同角度之说，看待模型工作也有不同角度之别。模型师不应该只是为做模型而做模型，而要明白模型只是一个载体，每一次的模型工作都是培养提高自己造型能力和设计感觉的平台，项目是最佳的培养锻炼途径，模型和项目都只是一个媒介，都是提升自我的路径。所以每个项目都应该怀抱珍惜，用心去做、去感悟，如果有了这样思维角度转变的话，你将更明白在做项目的同时，怎样更有意识地锻炼提高自身专业能力，使自己从中收获更多更高层次的东西。

从图3-36、图3-37中可以看出，即使同一辆车的同样侧面，从驾驶侧和副驾驶侧两个不同的角度看，其所带来的感觉也完全不一样，这就是观察角度不同带来的神奇之处，所以做模型务必要多角度观察，善于观察才能做好模型。

图 3-36 侧视图的驾驶侧

图 3-37 侧视图的副驾驶侧

模型做到这里,有三点需要注意:

(1)多关注发动机舱盖和车尾之间的高度关系,它们之间的高低关系极大地影响着车的姿态。

(2)当面和线、高光与阴影在前后上下取得均衡时,整车画面将是非常令人神往的,所以要考虑到各个造型元素长度、宽度、角度、形状尺寸、各角度视觉是否均衡。

(3)做模型时,无论小比例模型还是全尺寸模型,建议都多拍一些不同角度的照片,模型师和设计师一起到电脑面前观看,能用大屏幕投影观看更好,一种离开油泥本身的全新观看方式,往往能带给人豁然开朗的感觉,灵感不经意间就从中迸发而出。拍照还可为项目的进程做一份记录,为日后的学习和总结提供素材。比如当翻看概念车照片时,以笔者现在的感受,觉得当初有些地方完全可以处理得更好一些。

图 3-38 贴膜之后的评审

模型师要做好油泥模型,简单来说需要培养以下一些能力:

(1）胆。指的是用刀和工具时有胆色和魄力，要"放"得开，"收"得住。这里的"放"指的是放开思维与双手，就如前文所述，油泥模型最大的一个优势就是可以不停地尝试自己的想法，效果不好的话还可以推倒重来，所以基于此，模型师要敢于"放"开做，如图3-39所示。"收"是指能控制得恰到好处，模型不应该是被"磨"出来的，下刀前，对造型的形态，意蕴先要做到心中有数，就像文与可画竹之前，竹子已然在他心中打好腹稿，而后才能一气呵成，意在笔先，意在刀先。

图3-39　工作现场大胆刮削

（2）功。指的是工艺技法。要创造出真正美的造型艺术，首先必须具备质朴匠人的精湛技艺，特别是在油泥模型上，尤其需要工艺技术的体现，就连文艺复兴三杰，他们除了卓越的艺术造诣之外，哪一位不是工艺技法上的大师。

（3）美。指的是美的修养。这是每一位模型师做模型时形而上的方向指导，任何形而下的具体工艺制作手法，如果没有以"美"这个方向把握指引，就不知道自己做出的东西是美还是丑，是好还是坏，甚至是否偏离设计方向和美学法则也不得而知，简单直白来说，就是模型师要有一定的审美能力。

记得有位工程师问笔者："你是怎么看出线条型面的好坏，是怎么欣赏模型造型的呢？"我给他打了个简单的比喻："你把模型当作一个人来看，把整个Y0想象成他的身材身姿，把侧面想象成他的胸肌、腹肌，把车轮想象成大腿，把前照灯想象成眼睛，把LOGO区域想象成鼻子，把格栅想象成嘴巴，通过这种拟人手法，你或许就能感受到这辆模型车是型男还是美女，是亲切可爱还是严肃安静，就会知道哪些地方是胖了需要减肥，哪些地方是瘦了需要长膘。"模型师从某个角度来说就是整形医生，就是造型师，哪里有问题，就在哪里动手术，目的就只有一个，保证从模型师手中走出去的模型都有个让人赏心悦目的形象，当然要想拥有这些想象力和分辨力，首先要提高自身的审美修养。

有次模型完成室外评审（图3-40）之后，又发现了一堆新的问题，需继续更改。面对造型改动频繁这个问题，经常听到有些模型师的抱怨。记得十二年前笔者在

 汽车油泥模型设计与制作

澳洲霍顿设计中心（HODEN）学习时，一位模型专家对笔者说的一句话，令我终生难忘："No Change，No Working"，没有改变就没有工作，多么质朴实在的一句话，却这么有生活的哲理，没有改变，也就没有模型师存在的必要性，没有改变，又如何体现出模型师存在的价值与意义，那还有这份工作吗？

图 3-40　室外评审

根据评审结果，造型变动之一为窗台线到肩线之间的大反弧面需要改变曲率，如图 3-41 所示。这里简单介绍下具体做法：首先是要贴好胶带，保护好特征线，如图 3-42 所示，这个造型面的一大特征就是反 R 面大而长，从头贯穿至尾足有近 2m，做法的关键是要抓准反 R 面的理论交线，其决定了整张反 R 面的高光流向。无论何种反弧曲面，都要找到最适合这种反弧面的钢片工具，如图 3-43 所示，把钢片弯成和曲面一致的弧度，然后保持住这个弧度与姿势横向刮削，中间不要停顿，要干净利索、一气呵成。

图 3-41　用钢片做大反 R 面

图 3-42　贴上胶带保护大面

图 3-43　钢片反凹沿理论交线刮削

在横向刮削之后，需要不间断地穿插纵向刮削，并最好少用 90°垂直刮削，而是用左 45°和右 45°的侧纵向交替刮削，如图 3-44、图 3-45 所示，无论何种方位刮削，都要时刻牢记反 R 面理论交线的位置，牢记高光的位置。如有需要，可以用锡纸或 DINOC 检查反 R 面的光顺度。制作过程中要经常用左手去触摸感知，看有没有出现不连贯、不光顺的部位，同时要有频繁刻意地锻炼手感的意识。

图 3-44　用钢板纵向右斜 45°刮削　　　　图 3-45　用钢板纵向左斜 45°刮削

最后检查没有问题之后，就可以把胶带撕掉，如图 3-46 所示。

图 3-46　刮削完成，撕掉保护线

这里再说一说 A 柱到 C 柱的几点注意事项，A 柱细，C 柱粗，这是一个渐变的过程，如图 3-47 所示，这个区域是靠近人通常站立或直视的地方，是连接驾驶舱和车身侧面的大面。在这段区间里，就算是曲率一样的部位，也会因为粗细和宽度的不同，而不能做成完全一样的曲率，因为视错觉将导致较宽的截断面会比较窄的截断面看起来要平，这时候就需

图 3-47　刮削 A 柱到 C 柱的型面

要把较宽的截断面弧度做得稍微大一点、鼓一点，以弥补视错觉，这就是视觉补偿。

侧裙的底线通常是水平的，是影响侧面形状的重要因素，其应该像侧窗一样较早地明确和制作出来，底部的离地高度因车的不同而不同，很多量产车在 200mm 左右，这次的概念车比较低，图 3-48 就是对侧裙部位的精刮过程。

正如前文所言，模型师了解汽车形态特征的比较好的办法是：当在做一个部位的造型方案时，比如轮包、发动机舱盖或 C 柱，要多看其他车型的相同部位，包括街上实车的同类部位，对比分析，看其他车上是怎么处理的，有哪几种造型方式，如此对比分析，积少成多，经过不同项目与时间的积累，模型师对车身的形体结构和造型研究将会有大幅度提升。

模型结束之后都需要一个工艺倒角,如图 3-49 所示,其相当于真车出厂时不可能是锋利的锐角一样,另外少数区域、少数线性会因为造型感觉的需要,而有不同大小倒角的要求,小的倒角使用最薄的小钢片或薄膜纸,大倒角视具体情况而选择软度合适的弧度钢片。

图 3-48　精刮侧裙

图 3-49　工艺倒角

贴膜之前,要把所有的分缝线全部勾刻好,如图 3-50 所示,其目的是为了方便贴膜时的部位分割,也为了方便设计师在贴膜之后的贴线。刻线可以用专门的刻线刀,也可以用尖锐的三角刀,视大小不同而定,以前很多公司是勾槽,然后埋橡胶条,但现在大多公司是在膜表面直接贴细的黑胶带来表示,这个好处就如第一章所述:设计师可以随时调整更改分缝线,如果之前就已经勾过槽,在贴膜之后,设计师就改动不了。另外一个好处是,沟槽的深度和光顺平滑对一些模型师来说有一定难度,填埋的橡胶条也容易出现回弹和不顺,反而影响模型质量。

贴膜前的最后一道工序是用砂纸打磨,如图 3-51 所示。这道工序的目的是为了让贴膜后的模型表面光滑整洁,可以提升模型评审的视觉效果,一般选用 400 或 600 目的水砂纸,正面打磨之后,需用砂纸背面或者海绵再擦一遍,否则贴膜之后高光效果会受其影响。砂纸打磨这个环节,可视个人习惯决定是否采用,据笔者观察,日本模型师只是一少部分人用,欧美模型师则用得较多。当所有以上工作完成之后,喷水到模型上,用纱布把模型表面擦拭干净,如图 3-52、图 3-53 所示,然后开始准备贴膜。

图 3-50　用三角刀勾刻分缝线

图 3-51　用砂纸打磨油泥表面

侧面一般一整张膜就可以包覆，如图3-54所示。笔者与团队成员曾经尝试过用一张膜，把除车顶和玻璃面之外的整台模型一次性包覆。至今还记得外籍模型师和设计师的吃惊表情。所以没有什么是不能完成的，只要你想做、你敢做，中国模型师现在在很多方面完全有实力与外籍专家PK，要对自己有信心！

图3-52　贴膜之前向油泥面喷水　　　　图3-53　用纱布把油泥面擦拭干净

图3-54　用一张完整的膜把侧面包覆

浸泡薄膜的时候，不要把薄膜硬折起来，这样会使薄膜出现褶皱。薄膜有很大的延展度，前照灯多数情况是用黑色，尾灯用红色，模型底部边缘的膜可用订书器固定住以防止翻起，镀铬条效果可用亮色锡纸替代，图3-55为贴膜的顺序。

轮口边缘膜的裁切一般预留20mm左右的宽度，以便往内做出翻边效果，如图3-56所示。贴好膜后半小时以内一定要把整个模型检查一遍，膜在干燥过程中会产生一些小气泡和小水泡，若不在第一时间清理干净，完全干透之后就排不出来了，如图3-57所示。干透之前不能贴胶带，否则胶带会把薄膜边缘拉起褶皱而无法刮平，膜与油泥彻底粘合在一起，大约需要六个小时，干透之后，设计师才能用细黑胶带贴分缝线，贴膜的时候，身体各部位务必不要碰到模型。

图3-55　贴膜顺序由上而下　　　　图3-56　用美工刀裁切轮包面

贴膜完成之后，还是如前文所说，务必要在第一时间用干净的干纱布把薄膜表面的水渍擦拭干净，如图3-58所示，这样等膜全部贴好干透之后，模型表面才会光鲜靓丽，如果模型表面的水迹是自然风干的话，会在膜表面形成斑斑水渍，与擦拭过的相比会显得较为灰暗，大大影响模型的最后质量。车辆模型贴膜之后的效果如图3-59所示。

图3-57 用塑料刮片把水泡和气泡清理干净　　　图3-58 用干纱布把膜表面的水渍擦干净

图3-59 贴膜接近完成后的效果

这里顺带介绍一下外饰油泥模型几种常用的装饰手法。

（1）锡纸装饰。这是一种快速表现的评审方式，对油泥模型质量要求较低，能够方便快捷地满足设计评审需求。

（2）薄膜装饰。就是本章所介绍的方法，薄膜装饰可以产生接近喷漆的效果，把膜贴在车身各表面，可以更好地判断型面、高光和设计。

（3）喷漆装饰。经过喷漆装饰的模型表面看上去与真车别无二致，喷漆装饰的话，一般要把散热器罩、前后照灯、后视镜等车身附属样件也做成RP件并安装到位。装饰之后的模型更改设计非常困难，所以一般是在设计完全定型之后才采取这种装饰手法。

最后的工作为安装模型RP样件，样件一般都是在贴膜之前就已经试安装过了，位置与间隙都已确定好，但安装的时候还是需要小心，不要碰坏模型外表面，要记得戴白手套操作，如图3-60、图3-61所示，以免引起某些样件的雾化和指印。

全比例模型制作过程就讲解到这里，每个环节步骤都会对模型的最终质量产生影响,都需要格外仔细。另外还有两点模型制作以外的因素也会对模型最终质量产生重大影响。

图3-60 安装尾灯RP件

图3-61 安装格栅样件

(1)时间。模型的高质量与模型师的时间是成正比的,造型时间与精修刮光时间需要合理分配,设计方案定下之后,模型师是否有充足的时间用来精修高光和曲面质量,这是高质量模型得以实现的前提条件。

(2)团队协作。模型是一个特别强调团队协作的工作,高质量模型的完成是建立在一个好的"团队合作"基础之上。一个人的效率很大程度上取决于他的专业能力,但一群人的效率则取决于团队的协作与配合程度。另外,如果模型上有位模型师所做的部位高光不顺、质量有瑕疵,其他模型师在其他部位做得再好,模型的整体质量也会受到大大影响,这就像圆规理论,要画出一个漂亮的圆圈,需要有支点、有动轨、有螺帽、有笔芯,谁是我们每个人的支点呢?那就是团队,如图3-62所示。

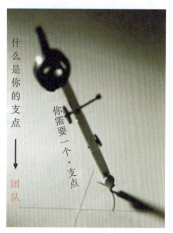
图3-62 圆规理论

说了这么多模型,顺带说一下"模型师技艺之我见"这个话题。

"技艺"这个词,笔者的理解是包含"技"和"艺"两个方面和两个境界。模型师首先需要有扎实的匠之技术,是一名技术精湛的"匠人",能把面做得很光顺,把高光做得很流畅,但如果仅此而已,那也只是停留在"技"的层面,远不是顶级模型师所追求的目标。"艺"是另一种境界,是更高的山峰,"艺"是你比设计师还清楚什么样的型面是最符合车身气质的,什么样的高光形态才是最美的,并有能力用你精湛的技术把它呈现出来。

"技"是"艺"的基础,"艺"是"技"的升华;"艺"意味着需要更多的美学和设计修养,并能与模型专业技术结合起来。"技""艺"兼有,并驾齐驱,才是模型师心目中的珠穆朗玛!再丰富的内涵也需要技术去实现,没有扎实的技术,空谈艺术,就犹如空中楼阁那样不靠谱不现实。有了"技",才有能力把"艺"实现,有了"艺"才能让自己的"技"蜕变升华。而如何从"技"跃升到"艺"的境界,是每位有理想的模型师都需要思考的!或许 Apple 手机能给我们一点启示,它最大的优势在于它的 IOS 系统比安卓系统稳定强大且流畅,它的成功之处就在于它内外兼修,Apple 的内与外,在它所处的时代,都是出类拔萃无可挑剔的。

图 3-63 手工技艺中的"技""艺"

第二节　内饰全尺寸油泥模型制作

轿车的内饰相当重要，那是因为车身内部是汽车与人体直接接触的部分，内部造型必须以满足人的需要和舒适为出发点，为了让使用者长期直接感受、触摸、操作和观看，需要最优化的人机工程关系，其中包括乘坐及驾驶的安全性、灵活性、舒适性。

形态、色彩和材质是汽车内饰设计中最基本的三个设计要素，无论哪个品牌、哪个设计团队都必须处理好这三者的关系，既要注重形、色、质三者的完美统一，又要注意它们之间的对比变化，以求得动感与和谐。不同定位的车型，其内饰造型的重点不同，例如豪华车的驾驶舱空间较紧凑，后排座椅却宽敞舒适，而家用轿车则讲究前排驾驶舱空间的舒适性，所以需要区别对待。除了要考虑这些需求之外，还要着重考虑内饰造型与外饰造型的内外协调关系。

继续以别克GL8设计开发模型为例，向大家展示内饰全尺寸油泥模型的制作。

效果图依然是模型制作的首要前提，每个内饰部件有着不同的功能，这些部件的效果图应事先认真画出，如图3-64、图3-65所示，内饰油泥模型就是基于这些信息制作的，好的效果图能有效地指导模型师与数字师的工作。

图3-64　内饰爆炸图　　　　　　　　图3-65　内饰效果图

说模型还是要先从骨架说起，内饰全尺寸骨架可以做成整体的，也可分成前后两部分制作，在可分骨架上可以制作所有的内饰部件，如车门、仪表板、轮口等。在内饰主体骨架上也可以制作所有的内饰部件，如车门、仪表板、地板等。地板的骨架可以用木条和胶合板制作，车门骨架的安装必须与主体相适应，利用三坐标测量安装准确定位后，将泡沫材料胶合在车门的骨架上，中央仪表板的骨架也可以用胶合板，然后胶上泡沫材料作为内芯，并在泡沫内芯材料上添加20～30mm厚的油泥，开始做造型，造型完成后进行表面装饰，最后用三坐标来定位安装仪表板、收录机、车门把手、空调控制钮、空调出风口、转向盘等样件。

图3-66是在1:2小比例模型方案确定后,根据扫描的点云数据,结合最新的工程要求,设计师进一步优化造型方案并同步在电脑上构建数字模型,最后用数控机床铣出的实体油泥模型。

由图3-66可以看出,GL8全尺寸模型铣削出来后,与小比例模型相比,造型的改动并不太大,这正说明成熟的小比例主题模型可以为后期的工作带来极大益处,即使设计有较大改动,成熟的小比例主题模型也能为1:1模型的前期CAS面制作带去帮助。依据成熟的主题方案模型制作的数模,无论在设计还是在工程数据方面都不会有太大的调整,这样就可以使1:1模型更接近最初的设计意图。

油泥模型可以清晰直观地体现设计师的创意,能充分验证数模效果,平面的数字模型和真实的立体油泥模型终归有所区别,图3-67中,黄色胶带区域是全尺寸模型铣削出来之后,设计师感觉不满意的地方,需要重新构建数模重新铣削,模型师把这个区域再次贴上油泥,以待下次加工,但因为之前的油泥已经放置了较长时间,所以添加新油泥时,需要加热处理,这样新老油泥才能结合得更加牢固。

图3-66 在小比例模型基础上发展出来的

图3-67 加油泥之前需用热烘枪把老油泥烤热

图3-68 贴敷油泥

图3-69 根据数模用机床铣出样件的安装位置

内饰各个大部件都是分开铣削的,合在一起机床无法操作。其包括仪表板、转向盘、座椅、门板、移动扶手等。图3-70是根据数模铣削出来的门板造型,模型师会先对油泥表面进行加工痕迹的清理,然后再根据设计师的需求做局部造型改动,如图3-71所示。

内饰所涉及的组成部分繁多，如仪表板、转向盘、座椅、车门板等，内饰设计要注意与外形的匹配，主要包括造型设计上的匹配和功能性上的匹配。有很多车外形漂亮，但是内饰和外形不协调，让人一眼就看出是两组不同的设计团队所设计，车的整体美感会受到很大影响。

图 3-70　内饰门板　　　　　　　　　图 3-71　做局部造型的改动

内饰设计不精确到一定程度是很难评价设计效果的，近几年随着数字技术与机床加工的广泛运用，内饰模型已经从纯手工向半手工发展，造型设计上趋向简洁工整、数字与高科技化、更加注重多种材质的应用与搭配。消费者购买汽车时，偏重外形多于内饰，使用中偏重内饰多于外形，内饰件多为近距离接触，强调视觉、触觉和手感的舒适性，内饰设计的好坏直接影响到驾乘者的心情和舒适度。

在图 3-72、图 3-73 中，模型的装饰用的是水性涂料涂装，这种涂装方式需要明度较高的哑光色彩材料，此方式的意义在于提高油泥亮度，排除色彩、材质对形体的影响，使评审者的注意力集中在造型设计上，也就是内饰设计中"形、色、材"三要素中的"形"。不同的阶段采用不同的涂装方式是设计师与模型师需要考虑的问题，其主要取决于项目的设计目标和时间进度，选用合适的涂装方式，对推动项目的进展、资源的节约都有很大的益处。

图 3-72　初步涂装后的效果（一）　　　　图 3-73　初步涂装后的效果（二）

内饰到了全尺寸模型阶段，一般是油泥与数字同步发展，有了数字建模的加入，可以更好地满足各项复杂的工程要求，而且油泥模型能起到验证数模并修正数模问题、提升设计效果的作用，两种建模方式交替发展进行，一起为设计评审提供高质量的展示模型。

这个阶段的设计方案已经接近今后的量产车型，除了大量的功能件细节需要体现之外，模型需要真实体现设计方案里的色彩和材质，这个时候依靠油泥和手工制作的效果，已经无法满足设计要求，大量的仿真 RP 件就要开始被广泛使用。RP 件制作成本很高，所以制作过程中对 RP 件的管理和使用应有详细的管理条例，其中有些 RP 件是可以与其他开发车型共用的样件，对于共用件来说应该妥善保管，留待重复利用，避免浪费。

图 3-74 是 GL8 模型上将要用到的各种 RP 件，制作样件是内饰模型到了 1∶1 阶段之后的常态，关于样件有两点需要注意：一是样件 B 面的角度如果不对，安装时会出现很多麻烦，样件的法线角度要与模型安装位置匹配，数模发布前，需要得到模型师的确认；二是样件需要在电镀、喷漆等外表面装饰之前在油泥模型上试安装。

图 3-74　模型上各种 RP 件

样件经常需要外表面的装饰，其中水转印效果在量产车或者模型车上的应用是近年来用得比较多的技术，图 3-75 就是为样件制作水转印效果的器材设备，通过这个设备可制作出水转印的效果，图 3-76 是水转印效果的具体体现，非常接近实车效果。

装配样件之前需要准备好一系列的工具，比如手套、剪刀、美工刀、刮片等，如图 3-77 所示。很多样件经过电镀后，弄不好就会起雾、变形、弄脏，所以安装时需要分外小心，借助好各种工具。

图 3-75　水转印设备　　图 3-76　样件的水转印效果　　图 3-77　装配样件之前的准备工具

第三章　后期产品主导模型

内饰油泥模型仿真涂装的几种常用方式主要有：贴膜、刷涂料、喷漆、贴皮纹膜等。

一般的涂装要求用水性涂料就可以了，但到了后期，为了追求视觉效果的极致，就需要用皮纹膜包覆了，如图 3-78 是模型师自己翻制皮纹膜的工作现场，翻出的皮纹膜比真皮更适合贴敷在模型表面，肌理效果和真皮可以说是一模一样。设计师想要的任何皮纹肌理，都可以通过翻模制作完成，不用过分依赖材料供应商，极大地提高模型的制作方便性与展示质量。

皮纹膜翻好之后，把待贴覆的油泥表面整体刷一遍胶水，如图 3-79 所示，让皮纹膜和油泥表面贴合粘牢，胶水要刷均匀，不要有厚薄差异，更不要漏刷，否则容易出现皮纹不平和气孔气泡。

图 3-78　手工翻制皮纹膜

图 3-79　在模型表面刷胶水

贴的时候需要几个人互相协作，分工明确，小心仔细，与外饰油泥模型贴薄膜一个道理，一起协作才能保证最好的质量效果，工具也和贴薄膜类似，需要塑料刮片、美工刀、纱布等，只是皮纹膜不像 DINOC 膜那样纤薄具有弹性，包覆时更考验耐心，如图 3-80、图 3-81 所示。

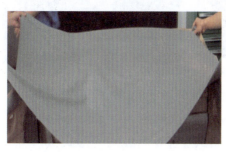

图 3-80　皮纹膜包覆（一）

图 3-81　皮纹膜包覆（二）

仪表板是个比较复杂的区域，它由许多不规则面组合而成，要仔细测量好尺寸，用刮板把褶皱敷平，用纱布抚平凸起处，皮纹膜的合理分块裁切对于贴敷效果影响很大，要把裁切的接缝放在阴影背光的隐蔽处，不要将接缝搭接在光滑外露的视觉表面。

比如转向盘的皮纹包覆更加体现分割的重要性，也最体现模型师的手工技巧，好的包覆从外表面根本看不出来分割痕迹，犹如一整张的效果，如图3-82、图3-83所示。

图3-82　皮纹膜包覆转向盘（一）　　　　图3-83　皮纹膜包覆转向盘（二）

内饰门板的包覆步骤与仪表板一样，都是先刷胶水，然后逐渐贴敷，在面与面的交错和分割处理上要小心，记得把裁切的痕迹留在背光的阴面，如图3-84所示。

包覆好之后，如有需要喷漆效果可以另外喷漆，皮纹膜和喷漆结合在一起是内饰经常应用的涂装方式。喷漆前须做好遮盖工作，避免油漆喷到皮纹膜上，座椅的处理也如门板一样，如图3-85所示。

图3-84　皮纹膜包覆内饰门板　　　　图3-85　细节部位喷漆

做模型说到底就是仿真，其目的是仿出真车的效果，越真实越好。缝线工艺就是体现真车皮纹效果的一个方面，缝线工艺有两种表现形式：一种是在油泥上用滚轮滚出缝线效果，这个还是属于仿制，如图3-86所示。另一种是用真实的线做出真实的缝线效果，如图3-87所示，这个效果足可以达到量产级别，是内饰涂装中最体现细节魅力的装饰手法，如图3-88、图3-89所示，这是用真实的线在油泥表面上做出的缝线效果，并在各个区域喷涂上相应色彩，体现出真实的皮纹质感。

图 3-86 用滚轮工具做出缝线效果

图 3-87 缝线

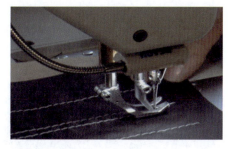
图 3-88 缝线制作(一)

图 3-89 缝线制作(二)

最后的环节就是椅子和地毯的安装了。安装地毯时,先用纸依照内部空间裁剪好样板,再依据样板形状裁剪地毯,用双面胶或海绵胶贴在地毯背面的边缘,在有凸起的地方切口,将地毯完全贴敷平整,用细胶带表示出零件之间的分界线,如图 3-90、图 3-91 所示。

图 3-90 地毯包覆(一)

图 3-91 地毯包覆(二)

图 3-92、图 3-93 是安装 RP 件的前后对比图,依据样件造型在模型上铣出精确的 B 面安装凹槽,模型师需要注意凹槽洞的深度和角度,要事前与数字师进行交流沟通,这点非常重要。样件四周边缘的缝隙要均匀一致,范围值一般是 0.5~1mm,缝隙越小,精密度显得越高。

在后期工作中,模型师需要检查每一个样件,确保所有样件容易拆卸安装,当椅子和地毯都安装上时,要弄清内饰中的各个物件的设计是否易于操作,如需变更,用刀将需要变更的部位做出标记。

图 3-92 安装 RP 前模型的效果

图 3-93 安装 RP 后模型的效果

另外，除了上面介绍的这种常规内饰模型之外，还有一种主要用来验证内部空间的内饰模型，不过这类空间验证模型一般都是由工程部门主导制作，如图 3-94、图 3-95。

图 3-94 空间验证模型（一）

图 3-95 空间验证模型（二）

第三节 论 高 光

——画龙点睛

对汽车造型而言，除了平面、曲面以外，还有一种最重要的造型面——高光面。车身表面最光亮的地方就是高光，反光形成的光带就叫高光带，球面镜的反射规律就是车身表面的光影原理。高光概念最能体现一个设计师和模型师对型面的理解和塑造能力，它实质是一种曲率的动态反映，追求高光的走势和动态和谐是模型品质的保障，高光随着视角的转变而转换，产生流动性，当表面曲率很大时，高光聚集在曲面的中心，当曲率很小时，高光分布在上侧或下侧。在曲率大的地方高光显得窄而明亮，在曲率小的地方变得宽而稍暗，在曲率接近平的地方就消失了。高光会随着表面倾斜的角度增加而上升，反之而下降，根据高光形成的原理及变化规律，在油泥模型上，模型师就能通过油泥的增减，自由地调节高光在空间上的位置了。

高光是模型制作上最重要的环节之一，因为高光不仅仅代表光学效果，其反映的本质是高光背后的形体和曲面，彰显的是形态与型面的体量感、饱满度和光顺度，高光的制作水准直接反映了模型师的技术水平，是模型师技术层面的核心能力部分。高光是反映汽车曲面质量最直观的方法，同时高光的形态也是直接感知汽车型面变化的主要方式之一。高光是面的直接反馈，模型师通过高光形态，就能知道曲面的形态，因为什么样的型面就映射出什么样的高光，如图3-96所示。评价高光的优劣好坏主要看高光的形态与顺畅度，好的高光有如下标准：高光形态上与车身型面气质统一融为一体，与周边造型不突兀、不矛盾；高光连贯顺畅而又和谐自然，没有突变，没有抖动，就算有变化也是柔和的变化，并且与曲面特征趋势一致。

图3-96 车身的高光图示

我们不妨来看几张模型实战中的高光图片。在图3-97中，红色箭头区域相比上下两条高光显得过宽，蓝色箭头区域又显得略窄，两条箭头所处的区域都与自身周围的高光过渡得不自然、不和谐，有骤宽骤窄之嫌，黄色箭头高光明显的内凹，需要往外出来一点，整个高光弧度才漂亮。在图3-98中，黄色圆圈内的高光太尖锐，不够润泽，就像是没有倒角的线性处理，红色圆圈内的高光歪歪扭扭，渐变得不均匀、不自然。

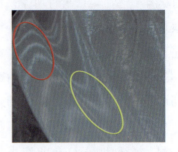

图3-97　车身高光面（一）　　　　图3-98　车身高光面（二）

模型制作中对其中一个面进行造型时要考虑高光的流向和整体动感，另外还要特别注意高光和阴影面的平衡，高光和阴影面之间面积的比例均衡和位置关系非常重要。当高光面位置较高时，车身重心就会显得高，当高光面和阴影面接近并且很宽时，车身侧面就会感觉较平。从图3-99和图3-100中可以看出，宝马的高光比较高且凸出，彰显肌肉和雕塑感，凯迪拉克的高光则温润许多，就如其车身一样庄重而典雅。模型和雕塑一样，经常需要光的辅助，在特定的光源角度，它们才呈现出最美的一面，尤其是贴膜之后的油泥模型，在光源的照射下，它的型面变化、高光走向、细节内容无不体现得淋漓尽致，且室内灯光下的高光与室外自然光下的高光感觉还不一样。

图3-99　BMW的车身高光面充满肌肉和雕塑感

高光的形成方式，一方面是曲面质量，另一方面则是曲面的形态，不同的饱满度、不同的断面曲率，都会在高光上形成不同的反映。当设计师递交给模型师效果图时，存在由于设计师高光的错误表达或模型师的错误理解而导致的二维到三维转化中的问题，导致模型师陷入迷茫，工作效率降低。了解曲面构建方法，进而思考高光形态的形成原理,最终得到合理的效果图,不仅是设计师追求的方向,也是模型师应该追求的。模型师需要深刻地理解高光与型面的相互关系,清楚地了解高光的形成规律和变化原理,做到知其然知其所以然,有了这些认识和理解,对今后工作中的模型高光塑造会带去莫大的帮助。造型优秀且饱满的型面,会反馈出具有设计意图的高光;复杂饱满的高光形态,也会增强品牌感染力,比如图3-101、图3-102克尔维特与凯迪拉克的高光面,突出了型面变化的丰富,提高了整车的力量感,是典型的高感知质量型面。

图3-100　凯迪拉克的车身高光面庄重而典雅

图3-101　克尔维特的车身高光面运动、年轻、激情四射

图3-102　凯迪拉克的车身高光面温润柔和

在工作中,由于需要检查油泥表面质量,因此在工作室的顶部安装密集排列的灯管,制成大面积的顶部高光带,如图3-103所示,高光带在照射到模型表面时,会形成密集的多条平行高光,这样的光虽然无法判断自然光下的高光形态,却可以快速帮助模型师了解曲面走势。图3-104中,在顶部高光灯的映衬下,红

色圆圈内的高光明显地朝左边偏移，与右半边的高光不够对称，但是这个区域的高光判断很容易受观看者所站的位置影响，所以必须站在Y0中心线的位置才能较为客观清晰地判断高光，否则会容易产生视觉误差。

图 3-103　工作室顶部照明装置

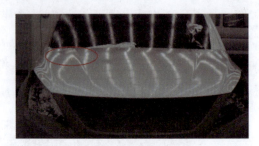

图 3-104　左半边高光与右半边不对称

在生产线上，我们也能看到如图 3-103 那样密集管状灯源的工位，如焊装车间、油漆车间、总装车间，说明了这种光源快速反馈表面质量的特性非常适合检验产品的表面质量。另外也可以选适当的三夹板平贴铝箔纸，再用黑色胶带制作"斑马线"，将反光板放置成与待检查面呈平行状态，观察车体铝箔上的影像"斑马线"是否平行均匀即可判断该面是否平顺。还有一种就是移动高光墙，如图 3-105 所示，这样可以方便随时随地地移动检测模型上每个部位的高光，特别是顶光投射不到的死角区域，以及 A 柱到 C 柱这样的细节微妙部位，高光墙是模型质量得以保证的重要检测工具，如图 3-106 所示，黄色圆圈内的高光问题就是通过移动高光墙检测出来的。

图 3-105　移动高光墙

图 3-106　高光检测示例

在数模里看高光就更加方便了，常用的高光检测工具是：斑马纹、天光、mean 值计算等。斑马纹又称为平行光检查，如图 3-107 所示，当光影到达不同特性的平面及曲面上时，会产生不同形状的斑马纹。光影映射到几何平面时，条纹应是平行、等宽的；映射到几何曲面时，高光表现为平行、非等宽，曲率越大则宽度越小，反之宽度越大；映射到单曲面时，条纹表现为平行、非等宽度；映射到双曲面时，条纹一般表现为非平行、非均匀宽度，程度视曲率大小而变；映射到复合曲面时，条纹不平行，有异变，但可以清晰显示光流方向，图 3-108 为数模高光线。

图 3-107　数模高光斑马线

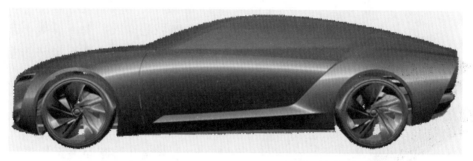

图 3-108　数模高光线

第四节　模型设计与制作细节

——"上帝存在于细节之中"

模型细节包含两个方面，一个是指模型设计方面的细节；另一个是指模型工艺上的细节。

一、模型设计方面的细节

图3-109　前后风窗的上下曲率是不一样的

1：做玻璃面时，要注意如下方面。

（1）前后风窗玻璃上半部的曲率要比下半部的曲率略大，如图3-109所示，刮削的时候，要区别对待。

（2）确定风窗玻璃上半部时，要与车顶趋势一致，与侧面关系协调，对于前后风窗玻璃底部要观察与发动机舱盖和行李舱的关系。

2：做车身侧面时，要注意如下方面。

（1）观察车窗和车窗以下的比例，这是做大侧面时要特别关注的。平时观察中发现，很多中高档车与豪华车的侧窗与侧面的比例大概是1∶2甚至更大，如图3-110所示，而许多低端车的比例就要比1∶2小很多，甚至有些车，视觉上出现了可怕的1∶1效果。

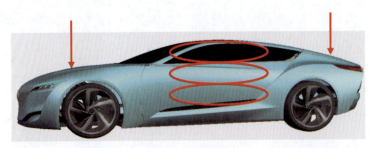

图3-110　车窗与车身的比例以及发动机舱盖与行李舱的线性关系（一）

（2）做车身Y0的时候，要特别注意观察发动机舱盖与行李舱的高低关系，以及两条线性的走向趋势与弧度，如图3-110中红色箭头所指。

如果说别克未来Ⅱ的效果不是很明显，则从图3-111所示凯迪拉克ATS的发动机舱盖与行李舱的高低关系就能看出，这两条线明显感觉到由前至后的连贯趋势和延续性，就像是一条完整的线被中间的车体给断开了，当然三厢车、两厢车、轿车、跑车会有些不同，处理时要有所区分。

图3-111　车窗与车身的比例以及发动机舱盖与行李舱的线性关系（二）

3：正后视图的肩部曲率越大，车的运动感越强，如图3-112所示，这种规律在跑车上体现得更是淋漓尽致，尤其是一些超跑，反之，商务车和家用车则平直许多。

4：俯视图上的侧围线、窗台线、顶线之间的相互协调关系非常重要，一般来说，窗台线和侧围线都是相互伴随，弧度趋势比较一致，很少出现两个方向背道而驰的情况。

图3-112　后视图肩部曲率对车的影响

当然平时做全尺寸模型的时候，因为高度的原因，不太好观察到俯视效果，但正如笔者前文所述，俯视角度的观察是非常重要的，其解决办法有二：一是借助于其他物体的帮助，让自己站得更高，达到俯视视野；二是去看电脑上的数模俯视图，数模上任何角度都能方便地观察到，所以，模型师与数字师要经常互动，互相学习借鉴。

观察俯视图的时候，需要同时观察车头与车尾的俯视断面，看它们的线性和弧度是否趋同，如图3-113红、黄、蓝三色箭头所示，而且要注意车身前后不能设计成锥形，应是偏直线形或圆形，要知道外部造型会极大地影响到内部空间的大小，锥形则意味着内部空间被压缩。

5：在做曲面造型时，需要注意如下方面。

如果曲面从前到后在宽度上有大小变化的话，那这个断面就不能做成一样的曲率，需要适当的微调，如果做成同一个曲率的话，较宽的截断面将会显得比较短，这是视觉导致的误差，弥补的办法就是把较宽的截断面的弧度做得稍大一些，最典型的区域就是C柱，如图3-114箭头所示，这就是"鸡蛋理论"，鸡蛋的造型是中间大两头小，如果仔细观察的话，鸡蛋中间区域的弧度是要比两头的弧度略大一些的，这才保证了鸡蛋的整体弧度视觉上的一致。

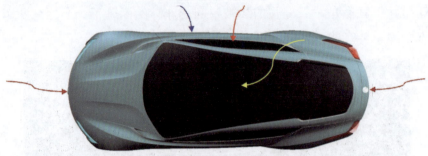

图3-113　Y0与腰线、裙边线的关系

图3-114　同一个面的前后因为宽度的不同，曲率需要做视觉调整

这同时也是视错觉带来的感受，比如图3-115中，立方体由于受中间高光的影响，让人感觉上下是两种颜色，但你若把手指或铅笔放在两处颜色的分界处，把高光带和分界线遮住，你就会发现上下颜色其实是相同的。再看图3-116，在一个用直线组成的正方形周围，加入曲线的因素，会使正方形的直线，产生变形的错视效果，如图3-116所示。

图3-115　视错觉的体现（一）

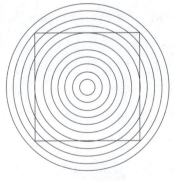

图3-116　视错觉的体现（二）

6：视觉误差在模型设计上会有很多体现，比如车上不会有一条绝对的水平直线和绝对平面，绝对的水平直线会让人有微凹的感觉，要达到水平直线的视觉效果，这条线就必须处理得有点微正。同样，绝对的平面会给人反弧的感觉，所

以设计的时候需要带一点点正弧，才能达到水平的感觉，例如很少会出现绝对平的轮眉，多少都会有一些微正弧度，这些设计上的视错觉都需要技术上进行弥补，如图3-117所示车身上的轮眉以及上方的腰线部位都做了视觉补偿。

图3-117　车身上比较忌讳用绝对的平面与绝对的直线

视错觉在设计上的应用和影响都很大，模型师在制作油泥模型时会经常遇到。我们通过几个案例来探讨一下，比如将同等大的两个圆形上下并置，上边的圆形会给人感觉稍大，其原因是人观察物体时，视平线习惯的范围都较中线偏高，上部的图形大多数成为视觉中心，在视觉上会产生错视效果。按照这个原理，在文字设计时，会将"8"字和拉丁文的字母"B"字的上半部都设计得略小于下部，这样不但调整了由于错视而产生的缺陷，更增强了文字的稳定感，在视觉效果上也比较舒服，如图3-118所示。带有圆角的正方形，由于圆角的影响，会使人产生错觉，其四边的直线，能给人感觉稍向内弯曲，在设计中，这类图形会显得不够丰满，若将其边线采用稍向外弯曲的弧线，则其效果会更好些，如图3-119所示。

图3-118　视错觉补偿（一）　　　图3-119　视错觉补偿（二）

这也就是为什么车身设计的下半部比上半部要宽的原因，上小下大才能让人感觉到稳定、扎实。汽车造型的姿态为了强调稳定感，越到顶部越要收，无论是整车还是风窗玻璃，上半部都要比下半部窄一些，这样设计的目的一是视觉补偿，二是重心稳定需要，如图3-120所示。

7：当腰线靠近前后轮口时，如果这条线是平直的话，视觉上会显得有些反弧，就感觉像凹了，有必要微凸一些，通过视

图3-120　车顶和车窗的上小下大给人带去稳定感

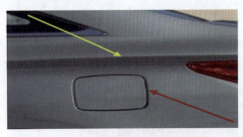

图3-121 视错觉在车上的应用

觉补偿的手法让线条达到平直的效果，如图3-121中黄线标注的地方，另外像油箱盖的轮廓，也是做了视错觉补偿的效果。

8：侧窗和前窗以及后窗的顺势关系，如图3-122所示，理论上，绝大部分车的这几条线的走势都可以连贯起来，甚至可以用一根胶带顺接成同一个弧度。另外像侧裙的底线与前后保险杠底线的高低位置，应该也是在一个弧度之内，大多都是平顺关系，如图3-123所示。

图3-122 侧窗与前后窗下边界线的一致性关系　　图3-123 侧裙与前后保险杠下边界线的一致性关系

9：模型师在油泥上做造型的时候，需要清楚地知道每个型面的结构关系，这就像画素描中的人头肖像，肌肉骨骼都是被皮肤包裹着，看不到它的内部结构，但要想画好肖像，必须先了解人体头部的结构关系，研究人体解剖图，熟悉各块肌肉和骨骼的组成与走向关系，知道骨点的位置和作用，这样才可以透过外在的皮肤和五官，处理好内在的组织，如此画出的肖像才会立体丰满有血有肉。油泥模型同样如此，比如图3-124所示的大侧面，从效果图以及最后的油泥模型上根本看不出轮包，设计的初衷也是把轮包和大侧面融为一体，追求极致简约和设计上的"少即是多"的设计哲学。但如果模型师刚开始做模型的时候，就不顾轮包这个概念，简单地把整张大侧面当作一张面来处理是有问题的，要知道一台设计成功的车，初看之下虽然简单，但并不代表没有细节、没有层次、没有内容，就像图中侧面勾画的分面线，模型师脑海中就要有这条线，做之前要先确定面与面之间的结构关系，之后的处理都在掌握之中。不单是大侧面需要这样，整个模型所有型面交接部位的处理都要具备这样的思路，像图3-124所示，车头标注的分面线都是每个型面的分割关系，理清了这些结构关系，手中的钢片才会清楚地知道该怎么工作。

10：通过视觉让模型看起来更大更宽更低的方法主要如下。

（1）模型的拐角越靠外，模型显得越大。

（2）前后照灯尽可能从正前和正后视延伸到侧面，模型也就显得更宽大。

（3）发动机舱盖是影响设计风格的重要区域，发动机舱盖和前翼子板汇聚的地方称为 Crown 线，如图 3-125 所示，这条线是非常重要的造型元素，它受 A 柱和窗台的影响很大，发动机舱盖的分界 Crown 线设置得越是靠外，车头便显得越宽。

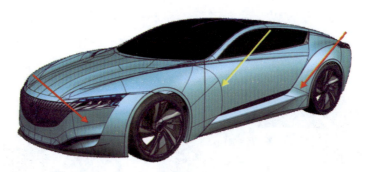

图 3-124　模型型面的结构分割

图 3-125　让模型看起来更大更宽更低的一些方法

（4）前后悬越短，轴距就显得越长，整车也相应显得较长。

11：为了减小风阻和加大流线感，也为了行人保护要求，前风窗玻璃和发动机舱盖的交点 A（Cowl Point）在近些年有前移并且提高的趋势，十几年前的车型的发动机舱盖都较为平直，类似于方盒子造型。后风窗玻璃和行李舱盖的交点 B，为了和 A 点对应，B 点也跟着后移和加高，并配合 AB 点加高窗台高度，窗台线为了呼应 AB 点，也相应地加高，如图 3-126 所示。

图 3-126　A、B 点和窗台线的趋势变化

12：受 APPLE 设计理念的影响，"简约极致，精湛细节"在未来几年的设计大趋势中，也许会成为许多汽车品牌设计理念的精髓。精致高科技含量的细节从装饰艺术时代就已经成为每一辆车上最重要的亮点之一，设计师及工程师们都在不遗余力地创造且推出革新性的产品来满足功能性及装饰性的需要，尤其是前照灯、尾灯、轮毂、格栅以及后视镜等，都是一件件伟大作品的点睛之笔。模型师平时应该多关注工业与商业设计以及艺术上有意思的作品，从中汲取关于形和物的营养，如图 3-127、图 3-128 所示。

图 3-127　未来的汽车应该怎样

图 3-128　谁敢保证今后的车不是这样的

二、模型工艺上的细节

油泥模型是最需要注重细节的工作，细节决定成败，特别是在模型的最后阶段。模型师在前期准备和整个造型阶段已经付出了 99% 的努力与汗水，若在后期的精修和贴膜上缺少了这 1% 的细节注意，模型的最终质量必定大打折扣，也就枉费了前面的努力，如图 3-129、图 3-130 所示贴膜时不注意、不小心而造成的失误。

图 3-129　膜上的指纹印迹图

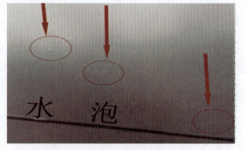

图 3-130　贴好膜后没有仔细检查

细节其实很简单，只需要多一份用心，多一分钟关注，就能做到更好。细节需要团队每位成员的共同努力，如果某位模型师疏忽了细节，那么必定给整个团队、给模型的整体质量带来不良影响。如图 3-131 中 Chrome 边界裁切不整齐和 Chrome 褶皱；如图 3-132 所示设计师贴胶带经验的缺乏，胶带绷得太紧，导致把膜拉起，模型师在设计师贴好模型之后，在模型最终评审之前都要仔细检查确认，如图 3-133 所示胶带在拐角处脱落，图 3-134 所示裙边下摆的可视部位没刷黑导致泡沫裸露；如图 3-135、图 3-136 所示轮胎的清洁都应该算作模型的整体之一，任何一处的细节都或多或少地影响到模型质量，油泥模型就是模型师的 Baby，要有视如己出的责任感和对待艺术品般的情怀。

图 3-131　Chrome 边界裁切不齐有褶皱

图 3-132　胶带把膜带了起来

图 3-133　胶带贴好后，拐角处脱落

图 3-134　裙边下摆没刷黑导致泡沫裸露

图 3-135　评审的轮胎有油泥

图 3-136　轮包内衬油泥外露

一处细节问题或许影响不到模型的整体质量，也不会影响评审结果，但诸多的细节问题叠加在一起同时出现的话，那就是大问题了，那将极大地破坏模型的整体质量，影响评审者的心情和判断。笔者始终认为模型师这个职业必须要有完美主义精神和态度，要有精益求精的追求，要像好的厨师一样，做出的菜，无论色、香、味、形都要俱全，以客户满意为第一宗旨。模型师的职业自豪感和自信正是从一次次完美的模型递交物中获得的，而完美的模型又来源于每处细节的妥善处理。

第四章 最终设计呈现模型

——众里寻她千百度，蓦然回首，那人却在灯火阑珊处

最终设计呈现模型是指造型设计已经结束，需要提供一辆最接近真车效果又最能反映设计状态的模型，这类模型主要有两种：一种是在油泥模型表面喷漆之后的模型；另一种是最常用的玻璃钢树脂模型。这里先简单地介绍一下油泥模型的喷漆，而后重点介绍玻璃钢树脂模型。

油漆涂装有一套非常严格复杂的工序，一般是在模型表面，先将整车喷涂一遍泥子并打磨，然后再喷三到四遍底漆，以增加模型的表面硬度和光顺度，每喷一遍底漆，用砂纸打磨一次，把表面凹坑用红色眼灰填平再打磨，砂纸从初期的400目到喷面漆前的1200目，然后再喷涂面漆，面漆颜色大多选用浅色，面漆喷好之后，最后整车罩一遍光油。结束之后，模型表面的硬度会有一定的提升，质感也非常接近真车的金属效果，但从本质上来说，它的内部还是油泥的实体，不能承受太大的冲击和挤压，对于外部温度的变化也依然敏感，所以在后续的保存与运输过程中，依然要注意合适的温度，轻拿轻放。

油泥模型表面喷漆作为造型冻结之后的设计呈现模型，具有以下几个优点：漆面能和真车漆面相媲美，仿真效果极佳，价格比较便宜，但其也存在一些缺点：工序耗用时间长，污染环境，对操作者身体有伤害，不利于油泥回收。一般两种情况下会使用表面喷漆处理，一种是在造型冻结之后，在重大评审上作为展示模型时会用到；另一种是在外出做市场调研时，为了适应运输过程中温度的变化，更好地保护模型。在展示过程中为了减小与真车的视觉差距也会用到喷漆装饰。

玻璃钢树脂模型属于硬质模型，它的特点是和真车高度接近，几乎没有区别，一般人很难区分出来，它能充分体现设计想要表达的效果。硬质模型的硬度极佳，对环境温度的要求也不高，在运输和维护方面相对方便，适合长期保存和作为展车展示，所以被广大汽车设计公司所采用。玻璃钢树脂模型是油泥模型的衍生模型，它是建立在一个完好的油泥模型基础之上，在油泥模型表面首先翻制一个玻璃钢模具，然后在模具的基础上再翻制玻璃钢模型，分部翻制，一步步拼接组装打磨，再喷漆，喷漆的原理和工序与油泥模型表面喷漆比较一致。

下面以别克GL8豪华商务车为实际案例，向读者展示一下玻璃钢模型的制作工艺和过程。

第一节　玻璃钢硬质模型制作

——模型虽然是凝固不动的，可它身上却流淌着模型师的热血与生命

当设计造型到了成熟阶段之后，就需要做 See-through model（硬质模型的一种），用来做市场调研和设计评审。硬质模型在材料上有多种选择，其中之一就是用玻璃钢材质。See-through model 调研和评审之后会根据意见再继续修整，但因为它是硬的，没办法修整，只能回到 1∶1 的油泥模型上。该模型最大的优势是极度仿真，并可以把一些没办法呈现的东西让其具体化，然后让工程师、设计师、客户还有配套厂来做各项评估。

图 4-1 是玻璃钢硬质模型的制作流程，从图中可以看出，这是一个极其复杂的工序环节，每个步骤都会影响到模型最终完成的时间与质量。接下来，我们按照制作步骤一一介绍。

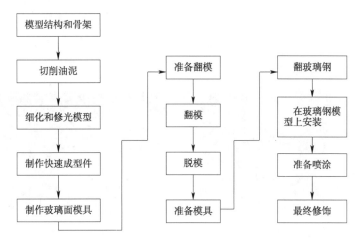

图 4-1　玻璃钢硬质模型制作流程图

第一步：制作模型结构和骨架。

制作符合尺寸要求的钢结构骨架，如图 4-2 所示，设计要求有两个：首先，可以用来支撑油泥；另外，也能作为硬质模型的骨架。前后轮拱处安装坐标标识块，如图 4-3 所示，如果需要安装轮子，则需要设计成能调节尺寸的轮距与轴距，如果不需要，则不用在此时安装。

第二步：切削油泥。

将中等密度的白泡沫安装在骨架上,并把模型骨架支撑固定在平台上,通过机床铣削20mm左右,将泡沫骨架贴上相应厚度的油泥,再用机床铣削出油泥造型,如图4-4所示。

图4-2 硬质模型骨架

图4-3 坐标标示牌固定在前后轮拱里面

第三步:细化和修整模型。

在这个阶段如果需要修改造型的话,可以依靠手工或者数据,如果通过手工修改一侧的话,可使用扫描设备捕获修改过的区域铣削出另外一边。注意在修改造型的时候不要修改到要安装RP部件的地方,如果已经修改了这些地方,则需要扫描成数据并且更新RP部件的数模。当所有的设计改动和翻边的制作均已完成后,B面和凹面应该在这个时候切削出来,最后清理模型。另外还要注意,玻璃面应该留足安装时胶水的厚度;所有的线需要刻出来并且用深色颜料涂出并保护好,如图4-5所示;所有大的倒角必须在这个阶段制作出来,小的倒角则可以直接在玻璃钢模型上制作。

图4-4 铣削出的油泥模型效果

使用深色涂料保护油泥上的线条

图4-5 保护设计特征线

第四步:制作快速成型件。

制作RP部件需要较长的时间,一般一个月左右,所有的RP部件应尽早完成数字建模工作,然后留足时间制作RP件,在RP部件喷涂、镀铬和安装到玻璃钢模型之前,要先进行"预安装",需要注意的是,有些RP部件可能需要在翻模的过程中就提供,像制作门缝槽用的ABS条等。RP部件大多都是用FDM或ABS制作而成的,前后照灯的LENSE一般使用黑白蒙板的方法,用激光切削特殊处理过的亚克力制作而成。

第四章　最终设计呈现模型

第五步：制作玻璃窗面模具。

所有的玻璃窗面用油泥切削出来，然后直接从油泥上翻玻璃钢模具。制作过程为先制作一个方形模具，该模具面积大小应该超出玻璃面形状，同时制作出玻璃的周长线，以便能够修掉多余的部分。在这个模具上翻玻璃钢，并从油泥上脱模之前，需要在玻璃钢上再做一个模具，确保其不会变形，同时能水平放置模具，并选择一种合适的材料，然后将其制作成窗面玻璃，如图4-6所示。

图4-6　玻璃窗面模具

第六步：准备翻模。

这个环节的要求是保证模具分开以后能重新组装到原来的位置。如图4-7、图4-8所示框架能用很多种方法制作，但完成时必须是方形结构，这样才能使模具能够水平放置防止变形，以方便最终的翻模。其间可以用木条连接框架和模具，也可用木板切割出诸多断面，然后在断面上打孔，用来连接断面和模具，当框架准备好了，就能准备翻模了。

图4-7　准备翻模用的木质框架

图4-8　分缝槽用的ABS条

第七步：翻模。

使用石膏进行翻模，因为石膏质量轻、速度快，能在短时间内制作精确的模具，并能3小时后脱模，再过2小时便能使用模具，丙烯类树脂（液态）和石膏（粉状）的混合比例是2∶1，如图4-9、图4-10所示，另外需要使用胶衣、液态固化剂与EM25（粉状），使用混合比例的小包用器具混合胶衣，然后涂薄而黏稠的胶衣，以防止NEOMAT从油泥表面脱落下来，等30分钟干后，刷一层稀薄的Polydur LG（液态）和EM25（粉状）混合液在胶衣上，以便湿润表面。如图4-11、图4-12所示翻模过程图。

提示：等第一层NEOMAT干了以后，便可以移除分缝用的ABS胶条，并在交接处涂上凡士林然后再上第二层，以便最终的分离，过程中可设计一个互相扣接的锁结构固定，而不用再加垫片。等所有 NEOMAT 都涂好了以后，可以用前面提到的木条将模型和木头框架连接起来，同时将框架和平台上的固定坐标相对应，这样在后面的工作中就容易精确对位了，如图 4-13 所示。等 NEOMAT 干了以后，可以用电锯将翻边处修整干净，这样也有利于以后的对位，然后顺着翻边钻孔，孔的大小必须和螺栓的大小相匹配，这样才能保证在以后的装配中不会错位，一切准备好了，接下来就是脱模了。

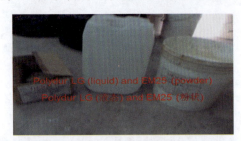

图 4-9　材料

图 4-10　调制石膏

图 4-11　翻模过程（一）

图 4-12　翻模过程（二）

第八步：脱模。

在脱模的时候需要花一定的时间和耐心，才能轻松地分离模具，如图 4-14～图 4-16 所示。我们可以用锤子的木楔子敲击翻边的结合处，同时用力将木头框架朝外拉，除了用手，还能用一个起重器帮助分离，需要注意的是，在分离顶部的模具时要注意一点一点地向上抬，不要一下子抬得很高，防止将整个模型抬起来损坏模型，如果前面的方法不能轻易分离模型的话，可以在模具上钻孔通过气压分离模型，还可以用高压气枪通过吹气的方式分离，如果原始模型不需要保护的话，还可以使用撬棒帮助分离。按照这些方法，将所有分件脱模。

第九步：准备模具。

在脱模之后，把各个分件平放在地上，几个小时以后便可以最终修饰，然后再翻制玻璃钢模型。在这期间，如果模具表面有油泥或者其他多余杂质的话，需要将它们清理干净，有损坏的地方也要填平修补好，如果需要可以进行打磨。同时需要注意翻边处和分缝线等地方的细节，如果没有翻好，还需要手工在模具上修补，可以用油泥等材料。当一切准备好了就可以准备翻玻璃钢了。在石膏模上先打上三层固体蜡，然后再刷上三遍液体蜡，需要注意的是在刷固体蜡的时候要涂匀，然后擦拭干净，上液体蜡时，先要摇匀，然后再刷，每刷一次要等干透后，再刷第二次。

图4-13 安装木头框架

图4-14 车尾部的脱模

图4-15 车顶脱模

图4-16 侧面脱模

第十步：翻玻璃钢。

在上胶衣之前应该在每个石膏模分件的边缘处，贴上一圈一厘米宽的胶带，这样能保持边缘的清晰，方便后面重新组装时的对位。在重装以后，把胶带撕掉，然后再上胶衣，如图4-17、图4-18所示。使用环氧树脂进行玻璃钢的翻制，上胶衣时用刷子刷，为了防止在边角的地方产生气泡，通常将固化剂和树脂混合来填充。在上树脂之前，需要先将胶衣用较稠的固化剂和树脂的混合液湿润一下，在上了树脂布以后，应该在其还湿润的时候用滚筒碾压一下，挤出中间的空气，每上一层都需要重复这个步骤，在做块面的时候，需要用泡沫制作一些加强条，以防止变形。

留出尾部的分件，让出一个通风口，然后将其他所有的分件组装好。在组装的时候，将木框架对应平台的坐标格，在之前没有上树脂布的地方现在要补上，连接处的空隙也需要用油泥填平，这样就能将所有分件用树脂布连接起来。将模型的骨架从后部置入其中，安装的时候参考平台上的坐标系统，安装到之前的四个支撑柱上，要保证精确安装。

图 4-17 上胶衣过程（一）

图 4-18 上胶衣过程（二）

安装后面的分件，和前面的步骤一样，这个时候，可以从轮拱处进出模型内部，将玻璃钢外壳的内部和骨架用一些金属焊接固定，有些地方可能需要更多的金属条来固定，比如像裙边等，之后，需要将整个模型放置到 60℃ 的环境中进行烘烤，防止以后在高温下变形。

提示：这个阶段需要制作车顶的内饰，随后准备安装。这个部件需要单独用油泥刀切削，然后直接从油泥模型上翻制玻璃钢，但是油泥表面必须要用虫胶作为隔离，然后再上蜡。

玻璃钢翻制的相关工作如图 4-19～图 4-21 所示。

图 4-19 组装分件

图 4-20 玻璃钢翻制

图 4-21 放入骨架

第十一步：安装玻璃钢内外饰分件。

从石膏模上脱玻璃钢模型的步骤和从油泥上脱石膏模几乎一样，脱模以后，需要修整所有的毛边，在模型内部腰线以下安装一块夹合板到骨架上，内饰天花板和用高密度泡沫切出的内饰部件也需要安装，如果有安装空隙，可以用泥子填补。在地板上开一个洞以便能进出模型内部，这个洞在玻璃装好以后仍能使用。用 80～150 目的砂纸打磨胶衣层，任何细小凹坑都会在喷完清漆后显示出来，这时候需要用底漆喷涂一遍。预安装所有的 PR 部件，确保所有的缝隙都是准确的，而且同一尺寸的缝隙必须一样宽，同时，所有的窗面也需要在这个时候进行裁切，这一切完成以后，便可以将部件拆下来，安置可调节的轮轴，相关过程如图 4-22 ~ 图 4-25 所示。

图 4-22　玻璃钢修整及前照灯灯格栅预安装

图 4-23　安装好风窗玻璃

图 4-24　安装轮拱衬垫

图 4-25　安装内饰部件

第十二步：准备喷涂。

模型现在可以准备喷涂了，表面先用打磨板进行打磨，这时要选择正确的砂纸打磨以确保质量，在模型上用砂纸打磨出小于 5mm 的圆角，所有的小洞需要用原子灰修补，如果用它进行面的改变，则必须使用最小 180 目的砂纸打磨后，再喷底漆，如图 4-26 所示。接着将显示剂涂满整个模型，用来在打磨的时候观察面是否已经打磨平顺，同时要确保表面平顺并且所有的特征线和轮廓线是正确的。需要注意的是所有的地方都需要打磨到，在第二次喷涂的时候，需要把所有的显示剂都打磨干净，打磨的时候需要用不同目数的砂纸进行湿磨，保证没有划痕，在最终打磨的时候需要使用 800 目或更细的砂纸湿磨。内饰在涂装的时候用点涂的方法，如图 4-27 所示，这样才能有磨砂的感觉，最后将模型进行最终颜色的喷涂。

喷涂需在条件良好且无尘无灰的喷漆房中进行，需在事先提供的色板并根据色板配制确认后的 2K 常温烤漆基础上进行。喷涂完成后表面应无砂纸印、无划痕、厚度均匀、无漏底、无色差、无水纹、无鱼眼纹等质量问题，表面光泽度均匀一致并符合色板要求，每种色漆需使用同一次调配出的，如图 4-28、图 4-29 所示。

图 4-26 打磨车身

图 4-27 点涂内饰

图 4-28 喷漆后的效果（一）

图 4-29 喷漆后的效果（二）

第十三步：样件的最终的匹配。

取回所有的 RP 部件，安装好尾灯（图 4-30）、前照灯（图 4-31）并通上电，装上车轮，然后调节到正确的位置。所有开缝线涂成哑光黑，零件之间要求间隙均匀一致，各个 R 角符合设计要求，安装样件无变形，对称 R 角保持一致。镀铬件表面光洁，无划痕，无黄斑、白雾、失光、厚薄不均，无打磨印迹等质量问题。

图 4-30 尾灯安装效果

图 4-31 前照灯安装效果

最终模型质量应该达到如下标准：车身线条流畅平顺，无抖动、波浪等，符合数模要求；高光需顺滑，在高光检验灯下应表现平顺，面与面过渡良好，各处 R 角符合数模要求；车身各部件之间的开缝线粗细深浅均匀，无抖动；样件安装配合均匀，表面无凹陷凸起、扭曲变形、脱落等，间隙符合数模要求；轮包内部、散热器罩 B 面、下格删 B 面等须有衬板；在任何常规视角看不到骨架。最终完成的模型效果如图 4-32 ~ 图 4-34 所示。

图 4-32　最终完成的模型效果（一）

图 4-33　最终完成的模型效果（二）

图 4-34　最终完成的模型效果（三）

汽车油泥模型设计与制作

第二节　别克未来Ⅱ蜕变记

——当技术实现了它的真正使命，它就升华为艺术

当你站在新车发布会的现场，当你看到手上的油泥变成绚丽真车的那一刻，会让你深切地感受到自己作为模型师的价值，这一刻将体会到之前再多的辛劳与汗水都是如此值得！并且还会深深地责问自己一声，当初是否尽了100%的努力！

模型师与设计师一样，都是汽车生命的缔造者！本节是笔者用来向生命的缔造者——设计师与模型师的致敬，这个篇章是最需要背景音乐的篇章，能够想象当我们打开那些或高亢、或激昂、或宁静的背景音乐，欣赏着这些图片的场景，相信定能感动一些观众，至少模型师会有所触动。每位模型师在不同的油泥模型上都有着相似的经历，这一组照片就是所有模型师工作过程的一个缩影！让我们来看看别克未来Ⅱ是怎样从图上的几条线变成三维立体的真实模型，看看它一步步的蜕变过程，从中我们是否能感受到缔造生命的愉悦和模型师的价值所在？图4-35～图4-54就是别克未来Ⅱ的蜕变过程。

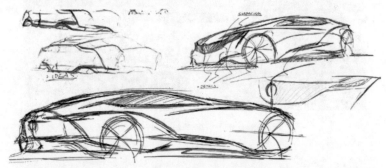

图4-35　设计草图

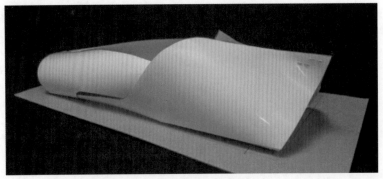

图4-36　制作纸质模型

第四章 最终设计呈现模型

图 4-37　制作 1∶3 小比例模型

图 4-38　1∶1 油泥模型工作现场

图 4-39　设计师与模型师沟通场景

图 4-40　制作 1∶2 小比例内饰油泥模型

图 4-41 模型师内饰工作场景

图 4-42 内饰油泥模型展示状态

图 4-43 1:1 外饰油泥模型室外评审

图 4-44 贴膜状态的室外评审

第四章　最终设计呈现模型

图 4-45　贴膜状态的室外评审侧视图

图 4-46　天鹅展翅即将腾飞

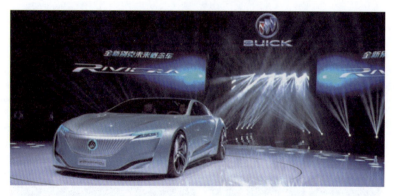

图 4-47　世博梅赛德斯馆——别克未来Ⅱ发布会现场

图 4-48　别克未来Ⅱ展车照片（一）

图 4-49 别克未来Ⅱ展车照片（二）

图 4-50 别克未来Ⅱ展车照片（三）

图 4-51 别克未来Ⅱ展车照片（四）

图 4-52 别克未来Ⅱ展车照片（五）

第四章 最终设计呈现模型

图 4-53　别克未来Ⅱ展车照片（六）

图 4-54　别克未来Ⅱ展车照片（七）

第五章　数字、工程、风洞与油泥模型

汽车造型除了设计美学之外，还要受到机械工程、人机工程、空气动力学等诸多因素的制约，如图 5-1 所示。汽车研发是一项极其复杂、环环相扣的系统工程，需要不同团队协同一心的努力，每个团队的每个工作环节，最后都会体现在最终的新车效果上，每个团队背后也都有着一个个沉默而又不同的故事，设计师、模型师、数字师、工程师就是这些故事台前幕后的主角，他们之间配合协作，演绎出一款款人们或喜欢、或厌恶的汽车造型。

图 5-1　汽车造型受到诸多因素的制约

模型师除了需要精通专业技术之外，也需要适当地了解相关领域的基础知识，这些知识储备对于模型师的日常工作以及未来的职业发展影响非常大。但这几个领域的知识面太多、太广，如果一一描述，实在超出了笔者的能力范畴，这里主要选取一些在油泥模型上经常遇到的或与油泥模型有关联的相关内容进行简单介绍。

第五章 数字、工程、风洞与油泥模型

第一节 数字与油泥模型

——现代技术与手工艺的完美结合

从 20 世纪 70 年代开始，计算机辅助设计在汽车行业中开始流行，主要以零部件为设计对象。从 20 世纪 90 年代中期开始，面向整车设计开发的汽车虚拟制造应运而生。目前国外已广泛采用了现代车身设计技术，它是以计算机应用技术为基础的 CAS 计算机辅助造型，如图 5-2 所示，该项技术的应用，大大缩短了汽车设计开发周期。应用 CAS 进行二维和三维创意，通过动画渲染和 EVC 虚拟现实展示，如图 5-3 所示，通过这些手段，使造型方案的设计与展示实现了多样化，具体程序如下：首先由设计师提供效果图，采用 ALIAS 等软件构建车身表面数字模型，然后通过数控机床加工铣出车身模型内芯，表面再贴上油泥并由模型师采用手工方式造型及优化设计，最终在模型表面贴膜或喷漆装饰、安装附件，最终完成造型。

图 5-2 数字建模

计算机辅助设计发展迅速，并在车身设计中带来了越来越多的新造型技术以进行三维模型建模，油泥模型的相当一部分工作已经开始被数字化建模和多轴铣削加工代替。计算机建模可以更好地按照限定的总布置条件构造汽车的设计外表面，制作虚拟的汽车模型；多轴铣床可以快速地按照数据把油泥加工成造型合适的汽车模型，解决了传统车身设计方法固有的开发周期长、设计累计误差大等难题，在一定程度上缩短了开发时间和降低了成本，替代了传统的手工制作油泥模型内芯和相当一部分内饰油泥模型的工作，使设计师可以把更多的时间和精力用在设计思想的表达上，可以更专注于造型设计方案的细节完善及整体造型效果的完美追求。尤其是虚拟现实技术的发展，让一些激进、狭隘人士开始怀疑油泥模型存在的必要性，如图 5-3 所示数字模型的 EVC 评审，图 5-4 所示多轴铣床加工中的油泥模型，图 5-5 ~ 图 5-8 所示数字建模与油泥模型的示例。

计算机三维建模在特定阶段确实具有快速、精确等优势，但是和实体油泥模型设计制作相比，它的灵活性与人机交互等方面的差距还是比较明显的。电子数字影像体现不出真实的三维体量，所以在汽车发达国家，油泥模型还是具有不可动摇的地位。以目前的技术水平来讲，对于想要把设计做好的汽车企业，油泥模型还是不可缺少的环节，反复调整、不断优化微妙而复杂的造型曲面对于数字建模软件来说，并不具备效率上的优势，在近期及以后相当长的一段时间，车身设计还将采取油泥模型体现设计思想创意、数字模型优化设计方案和细节的合作方式，但最后的生产，还是要靠计算机落实到数据上去。

图 5-3　数字模型的 EVC 评审

图 5-4　多轴铣床加工中的油泥模型

图 5-5　数字建模（一）

图 5-6　数字建模（二）

图 5-7　油泥模型

图 5-8　数字模型

数字模型的"快速精确"，也是在相对条件下的快速，很多时候油泥模型在设计创意的表达上甚至比数字建模来得更快更直观。油泥模型因为是一项耗时耗工耗钱的环节，很多人想把它拿掉，但是没办法拿掉，主要是跟人的视觉有关系，因为人在看物体时，除光影之外，还有距离感、纵深感，这是全世界任何最好的光学仪器也没办法取代的，当你在展厅买车的时候，你已经在用你的眼睛，在看车的深度，在辨别车的长、宽、高、形状、曲面，这些都是眼睛直接感知到的深度内容。而计算机数模在这些方面做不到也替代不了，它是平面的，最多也是虚

第五章　数字、工程、风洞与油泥模型

拟的三维。这就像是当今电脑技术高度发达,已经和国际象棋大师水平不相上下,数字模型与油泥模型的关系就像是国际象棋大师与电脑对弈一样有趣,质疑油泥模型有无存在的必要也就像质疑国际象棋大师有无存在的必要一样。

做设计与做造型最重要要素不是软件或数字设备,而是人,是油泥和数模背后的模型师和数字师,这就像决定谁拍的照片好,并不是由数字单反相机或老式胶片相机决定的,而是背后手握相机的摄影师决定的,再好的摄影器材也比不上一双善于发现的眼睛,优秀的摄影师用什么相机都能拍出好照片,不懂摄影的人用再好的相机亦是枉然。如果优秀的模型师改行从事数字建模而又熟练掌握这个软件的话,那就真的很牛了!所以讨论硬件设备如何发达和谁取代谁,一点意义都没有,人不能局限于设备与技术,更不能被硬件所束缚,如何提升模型师和数字师的三维造型能力和设计素养、如何让两者的配合效果实现"1+1 大于 2"才更有意义。优秀的模型师和数字师都是三维设计师,他们给方案带来的优化和实现都是巨大的,模型师的作用和数字师的作用有相似、也有不同的地方,不用去类比。

设计师画出草图和效果图,通过模型将这些图立体化,制作出油泥模型,油泥模型是设计师纸上方案到真实车体的一个桥梁,是设计师思维与创意最形象最直观的表达载体,它不仅提供了用来探讨车身的形态曲面与体量关系的空间,让人可以真实地感受触摸,还能准确地检验出设计方案是否满足总布置尺寸要求、人机工程的要求和相关法规的要求,能够进行比较真实的风洞实验。通过扫描模型提供点云数据,进而构建 A 面,所以虽然数字设计、虚拟现实技术已经高度发达,但油泥模型在汽车设计开发过程中仍起到不可替代的作用。

数字建模工作主要有正向与逆向两种方式:正向工作是数字师根据效果图直接构建数模,经过虚拟评审后,铣出油泥模型,然后模型师和设计师在模型上继续更改造型;逆向工作是在油泥模型造型结束之后,通过三坐标测量机扫描,得到模型上的点云数据,将数据输入计算机,通过专门的设计软件将其连成光顺的曲线,用曲线建立起整个车身数字化模型,进行设计和可行性分析,然后通过数控机床铣出油泥模型,以便继续进行修改和造型,修改好之后再对油泥模型进行扫描,重新建立数字模型。无论这两者中的任何一种方式,都是数字师与油泥模型师共同合作配合完成,两者交替合作的工作方式对汽车造型开发的效率与时间提升方面非常有益。

别克未来Ⅱ概念车最初做的小比例油泥模型就是用来探讨设计方向和确定创意理念的,当设计方向确定之后,就需要直接在电脑数字上构建数模,然后通过

数控机床铣削出1:1的油泥模型，再交互式地双向同步发展。这里顺带解释一下A面和B面的概念，A面是指汽车在整车状态下看得见的面，即车体外观与内饰的可见表面；B面是指汽车在整车状态下不能直接看见的面，如内门板、地板、骨架和内饰件等一系列结构件的表面，B面也存在少数局部可见表面。

在数模上检验高光是最方便的，如图5-9、图5-10所示。当初在做1:1全尺寸油泥模型造型的时候，特别是在后期阶段，油泥模型和数字模型同步发展，数字师经常来到油泥模型面前观看模型的三维形态，研究线面体的关系，笔者也经常去数字师的电脑上看模型的俯视图和高光面，检查并寻找问题，然后回到模型上修正，最后又重新扫描模型，交给数字师继续优化，然后进行铣削工作，接下来模型师在铣削出来的油泥模型上，再解决数模上的问题，再扫描，再铣削，正是通过双方这种反复密切的协作与交流，才成就了别克未来Ⅱ的耀世登场。

图5-9 数字模型看高光

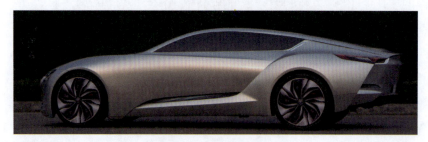

图5-10 油泥模型看高光

双方的合作模式是愉快而又高效的，但多年的从业经历还是让笔者从中感受到了一丝危机，那就是油泥模型面临的挑战，因为好像有个趋势：数字设计在整车开发流程中介入的时间越来越早，程度越来越深；另外随着新的造型软件和3D打印技术的普及运用，对油泥模型更是一种巨大的冲击，人无远虑，必有近忧！面对新科技新技术的挑战，模型师怎么做到自己的不可替代性，怎么最大限度地发挥油泥模型的长处与优势，怎么体现新时代模型师的价值，是每位模型师都需要迫切思考的问题。

第二节　工程与油泥模型

——无规矩不成方圆

一、工程关键字和关键硬点

1. 长、宽、高、轴距、前悬、后悬

总长、总宽、总高从字面上就可以理解，这里就不细说。

轴距是通过车辆同一侧两个车轮的中点，并垂直于车辆纵向对称平面的二垂线之间的距离，简单地说，就是汽车前轴中心到后轴中心的距离，轴距大小基本确定了整车的大小和车型定位。

前悬就是前车轮中心到车头的距离，后悬就是后轮中心到车尾的距离。

在设计前期阶段，主要研究整车比例与姿态，其涉及的因素主要是总长、总宽、总高、轴距、前悬、后悬等工程尺寸，如图 5-11 所示。无论在小比例模型还是全尺寸模型阶段，这些基本的工程尺寸要求可以说是汽车设计的硬性指标，一般没有商量的余地，是需要模型师特别关注和确保的。优化的前后悬数值以及整车高度，对整车比例起到巨大的影响。

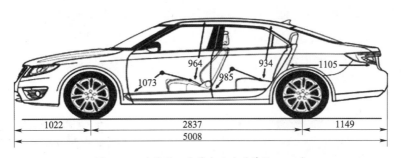

图 5-11　车体的一些基本尺寸（单位：mm）

座舱宽度大体以车身纵向中心平面对称，如图 5-12 所示，W103 是整车的外部宽度，减去车门和护板的厚度，剩下乘员肩宽 W3 或臀宽 W5。当整车较宽、车门和护板较厚、乘员肩部到车门护板间隙较大时，乘坐舒适性较好，侧碰安全性也好，反之均变差。当车内较宽时，可以分给副仪表板的宽度也多一些，副仪表板上可以布置更多的配置，车辆也更加豪华，需要指出的是车内有效宽度实际决定于地板宽度，这是由平台带来的"基因"，不易改变。当车身高度不变，加大轮胎和加高悬架弹簧（在性能许可的前提下）可以提高整车高度，同时在前围挡板（COWL）允许的情况下，提高 H 点与加高车身也可以提高整车高度。

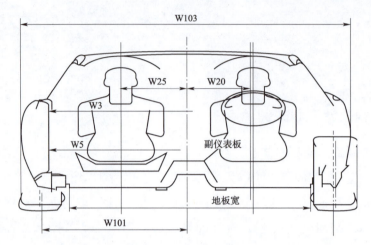

图 5-12　座舱宽度布置图

2. 离地间距、接近角、离去角

离地间隙是指汽车在满载（允许最大荷载）的情况下，底盘最低点距离地面的距离，如图 5-13 所示。最小离地间隙反映了汽车无碰撞通过有障碍物或凹凸不平地面的能力，在小比例模型制作中，从胶带图过渡到模型的时候，要注意地面线的选取，不同的地面线代表不同的承载情况，同时也影响模型的姿态以及模型的展示效果。

接近角是指汽车满载静止时，汽车前端凸出点向前轮所引切线与地面的夹角，如图 5-14 所示，即水平面与切于前轮轮胎外缘的平面之间的最大夹角，前轴前方的任何固定刚性部件不得在此平面的下方。模型师在做这些区域的时候，就要充分考虑高度是否符合接近角的要求。

图 5-13　离地间隙

图 5-14　接近角与离去角

离去角是指汽车满载静止时，自车身后端凸出点向后车轮引切线与路面之间的夹角，即水平面与切于车辆最后车轮轮胎外缘的平面之间的最大夹角，后轴后方的任何固定刚性部件不得在此平面的下方。汽车的离地间距、接近角、离去角对汽车的比例以及整车姿态有着重大影响。

3. 轮胎和包络面

轮胎的外径大小以及轮胎与车身的关系也影响着整车比例和姿态，在模型开做之前，就要确定好轮胎的断面宽度、扁平比和轮辋直径，如图5-15所示。

轮眉与轮胎的工程限制在模型上，特别是全尺寸模型上体验得很明显，一个典型的工程要求就是包络面，一般是前30°到后50°，如图5-16所示。不过其也因车而异，不同型号的车也有所区别，但目标都是要确保能够完全覆盖住轮胎上表面，同时起到挡泥的效果，只有在保证了这个包络面角度之后，轮眉才能往里面收进去。

图5-15　轮胎的外径大小对车姿的影响

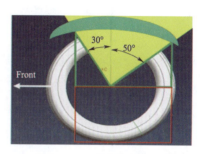

图5-16　工程要求的包络面

4. Cowl Point（C点）

Cowl实际上是一个区域，主要指前风窗玻璃和发动机舱盖的交界处，如图5-17所示。Cowl Point简称C点，它位于汽车中心平面的发动机舱盖上的最高点，是在Y基准平面内，过发动机舱盖最高点的水平线与前风窗玻璃（延长线）的交点，C点就是Cowl这个区域中的Y0中心点上的最高点。

Cowl Point是重要的汽车造型硬点，Cowl Point决定了造型设计布局及工程结构设计，车身上许多部件的布局及工程结构设计都受到Cowl Point的直接或间接影响，有些基于相同平台开发的新车型还会共用相同的Cowl Point，这样可以最大限度地共享资源、节约研发成本。

图5-17　Cowl Point（C点）

5. H点

H点有两个含义，一个是Hard Point，也就是硬点，硬点是车身总布置设计当中不可更改的一些点，互相之间是关联的，车身总布置必须要参照硬点进行。另外就是Hip Point（H点），其是指二维或三维人体模型样板中人体躯干与大腿的连接点，即胯点（Hip Point），主要是指髋关节硬点，在人体模板中为髋关节。

H 点的位置直接决定了驾驶舱环境与驾驶员的相互关系，是"人机交互"中"人"与"机"的衔接链，如图 5-18 所示。

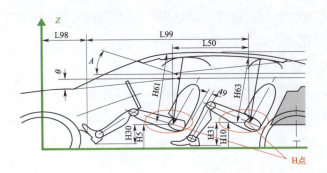

尺寸代号	名称	几何含义
L98	前轮到掌点距离	决定了可布置最大轮胎
L99	掌点到后 H 点距离	决定了纵向乘坐宽适性
L50	前后 H 点距离	决定后排纵向乘坐宽适

图 5-18　总布置示意图中的 H 点及周边定义

H 点涉及前后排座位、仪表板与座椅等大构件之间的间距和设计，在确定驾驶舱布置、车身中的位置时常以此点作为定位基准点。驾驶员在车身中的位置（H 点的位置）决定着驾驶员身体各关节角度、视野、手伸及界面等在车身中的位置，因此 H 点决定了驾驶员的舒适性、操纵性、安全性、视野性和驾驶舱空间等。可以说，车身总布置中的硬点大部分都是以 H 点为基准或是与 H 点相关的，因此 H 点是工程硬点中最为重要的一个关键硬点。

二、工程条件和限制

1. 工程条件介入

当设计工作逐渐进入到单一方案的全尺寸模型阶段时，更多的工程条件和限制会不断地介入，例如后视野角度、尾灯的放光面积、空气动力学的因素、行李舱开口尺寸等，如图 5-19 所示。模型上的造型需要随着越来越多的工程输入进行不断地调整，模型师如果了解相应的这些知识，在造型的时候就会有的放矢，大幅提升工作效率，而不应该是一味地被动等待设计师和工程师的意见。

图 5-19　工程的一些相关名称定义

2. 行人保护

行人安全的概念在 20 世纪 60 年代由美国最先提出，到了 20 世纪 90 年代末开始在欧洲大幅度推广，在欧洲交通安全联席会议中专门出现了行人安全工作组，提出了行人安全法规，而中国汽车行人保护标准技术要求等效采用 GTR 全球法规。

行人保护法规对整车的设计以及模型的制作有着极大的影响，很多情况下，在研究比例的时候，就要考虑到行人保护因素。

行人保护法规对发动机舱盖的造型、汽车车头和灯具的造型都有较大的影响，所以制作全尺寸模型的时候，设计师往往就要把这些因素考虑到造型设计中。在模型制作中，经常遇到造型中没有完全遵守行人保护的法规要求，制作出来的造型面被推翻重来的情况。所以，在设计师没有完全遵守这个法规的情况下，模型师有权利和义务提醒设计师按法规要求设计造型，否则，辛苦的工作被推翻重来是极大的资源浪费。

行人保护的相关示例如图 5-20 ~ 图 5-22 所示。

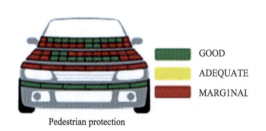

图 5-20 行人保护图示（一）

图 5-21 行人保护图示（二）

图 5-22 行人保护图示（三）

3. 断面（Section）和限制区域（Limit Zone）

设计师和工程师在探讨平衡造型设计与工程条件的时候，一般是以断面（Section）和限制区域（Limit Zone）的形式进行，如图 5-23、图 5-24 所示。一些对造型设计有较大影响的工程限制区域会在模型上加工出来，以便让设计师与模型师在模型调整的时候可以作为重要的参考。

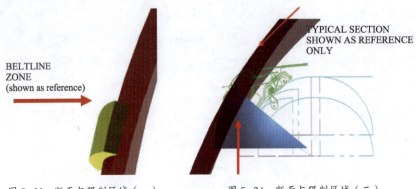

图 5-23　断面与限制区域（一）　　　图 5-24　断面与限制区域（二）

4. 具有代表性的工程条件

在众多的工程条件中，对造型设计和模型制作有代表性影响的包括门铰链和门把手的工程条件。一般来说，门铰链对整车侧面的造型设计有很大的影响，而门把手的位置对侧面的主特征线有着制约。

三、工艺因素

1. 工艺圆角

到了模型后期的阶段，很多的工艺因素，例如圆角、分缝线等都要在模型上一一表现出来。像模型做到最后阶段，都要把模型表面所有的线性做倒角处理，这就是工艺圆角的要求，从视觉上来说，如果线条都是锋利的话，在金属车身上也会让人受不了。

2. Gap

Gap 更多地考虑车身件的冲压工艺与装配工艺。钢板经过冲压变形成型，把每个车身部位装配在一起时，就需要合理的 Gap 空间，除组装之外还要考虑到今后维护的拆分，比如发动机舱盖的打开。在油泥模型上也会有 Gap 的体现，有两种方式：一种是钩槽，然后镶嵌橡胶条；另一种是直接贴黑胶带。原则上，Gap 的质量以不影响装配和打开的使用情况下，越细越均匀为好。

总之，在汽车车型研发过程中，各项工程设计条件会在最大程度上约束车型的开发目标和设计方向，而这些工程设计条件的限制会经常与车型的造型设计出现大规模的冲突，导致汽车造型在设计与工程设计阶段不断循环，反复修改。如果没有足够多地考虑这些工程条件，造型中不仅会浪费大量的人力、物力，延误汽车的开发和上市时间，而且极大地影响设计质量，甚至因不断地修改而失去原有创意造型的美观性和独特性。

第五章 数字、工程、风洞与油泥模型

第三节 风洞与油泥模型

——是风，雕刻出的车身形态

伴随着地球能源紧张和对舒适性的需求，空气动力学问题变得更加突出，车时速达到110km/h时，风阻约占总阻力的70%，汽车大部分燃油用在了克服风阻上。据试验表明，空气阻力系数每降低10%，燃油节省7%左右。对两种相同质量、相同尺寸，但具有不同空气阻力系数（分别是0.44和0.25）的轿车进行比较，88km/h的时速行驶了100km，燃油消耗后者比前者节约了1.7L。因此通过风洞实验，模拟汽车在行驶中的情况，优化汽车外形设计，减少风阻，节约燃油，降低车辆内外的噪声，提高车辆行驶安全性和操纵稳定性，这是汽车风洞实验的主要目的，也是越来越被各大车企广泛重视的原因。

风洞试验是用来研究汽车空气动力学的一种大型实验，是利用人造风产生气流，模拟汽车周围气体的流动。风洞实验是汽车研发工作中的重要组成部分，它能帮助工程师对测试模型完成一系列空气动力学方面的研发工作，然后设计师依据这些测试数据，设计出符合空气动力学的车身造型。空气动力学设计方面的实验最早可追溯至20世纪20年代和30年代，但直到20世纪70年代，汽车厂商才改变了之前轻视的态度，对这种实验重视起来，如今，绝大多数汽车厂商都选择在开发新产品过程中做风洞测试。

风洞油泥模型要求包括：车辆处于半载状态，轮轴可以调节轴距和轮距，实验时汽车制动后其他零件安装牢固并可以承受八级风力，模型需可修改，敷20mm油泥，用于风洞实验期间的手工修改和之后的外饰模型数据机加工更新，骨架要有定位和托举结构，后视镜可拆换。根据实验目的的不同，风洞类型有着科学的细分，主要分为：小比例模型、全尺寸模型和实车三个阶段的多次风洞实验。

在研发初期，对小比例油泥模型进行风洞测试。实验时，将模型固定在风洞内，使气体流过模型，测试模型在高速流动空气中的性能表现，设计师和模型师会依据实验情况，现场对车身各部分造型进行设计修改、再测试、再修改，逐步在造型和风洞之间寻找一个最佳的平衡点。全尺寸油泥模型风洞实验成本高于小比例模型，其需要大风洞实验室，同样需要设计师、工程师和模型师现场配合修改方案，在后期钣金样车上的风洞实验，是对真车做最后的真实检测。

如果在设计造型阶段，模型师和设计师就已经很了解和熟悉相关的空气动力学，将能避免一些常规的造型误区，减少后期风洞实验的修改工作量，做出有利于空气动力学的车身造型，特别是在各公司越来越重视风洞的情况下，模型师参与到风洞实验的次数和频率越来越多，了解并掌握空气动力学基础知识对于模型师来说是很有必要的。

2009年9月19日，耗资4.9亿元建造的上海地面交通工具风洞中心在同济大学嘉定校区正式落成并启用，如图5-25、图5-26所示。这是我国第一座汽车整车风洞中心，它包括汽车气动声学整车风洞和热环境整车风洞，前者用于测风阻、测噪声；后者用于测温度、测环境。

图5-25　上海地面交通工具风洞中心外景

图5-26　上海地面交通工具风洞中心内部

图5-27　风洞的心脏——巨型风扇

图5-27所示巨型风扇是风洞试验的心脏，该风扇配备了最大功率能够达到约3300kW的变速直流电机，可以为空间为21.7m（长）×10.4m（宽）×5.5m（高）的测试区提供风力，测试区最大风速能够达到250km/h，可以在30s内将空气加速到250km/h，出风量相当于一万台家用吊扇。

图5-28是通用雪佛兰Volt在风洞中的模样，轿车上面漂浮的气体不是烟，而是丙二醇气体。工程师利用这种材料去研究汽车上面及周围的气流，如图5-29所示。负责雪佛兰Volt风洞开发工作的工程师尼娜·托尔托萨（Nina Tortosa）说："我们尝试复制汽车穿过空气的全过程，40%的工作集中于风的噪声，即如何使车厢内部更安静，其余的测试为怎么克服风阻。"风洞实验室测试区最大风速为250km/h。

测试平台是对实物模型（通常是油泥模型）进行试验的地方，平台的转盘可

第五章　数字、工程、风洞与油泥模型

以方便工程师移动分析模型,比如正向、侧风情况等。通常情况下,工程师会先对1:3油泥模型进行测试,之后再对1:1油泥模型或实车进行测试,最终得出结论和后续研发的数据。在测试数据的指导下,为了让型面更加顺畅,有利于减小风阻,有些部位需要添加,有些部位需要"减肥",需要模型师不停地更改造型,反复尝试,如图5-30、图5-31所示。

图5-28　雪佛兰Volt在风洞中

图5-29　雪佛兰科迈罗结合流场软件分析效果

图5-30　模型师在风洞中心快速造型(一)

图5-31　模型师在风洞中心快速造型(二)

工程师利用其中的空气声学风洞,可使用加速的稳定气流,使之经过整个车身和局部,进而得到高速行驶状态下噪声控制能力以及更贴近真实驾驶情况时的气流流动方向,最终对车辆整体或局部的空气动力学设计优化,综合提升车辆燃油经济性和驾乘舒适感,如图5-32、图5-33所示。风洞鼓风机造出的"人造风",可能是世界上最昂贵的风。"滴答"吹1s,就要10元的费用。一辆轿车从概念到完成整车设计风洞耗资高昂,尤其在F1这样的世界顶级赛车中,各车队技术相差都在毫厘之间,风洞测试作为提高赛车性能的有力工具已经被广泛运用。

经过多年发展,风洞和空气动力学早已不再局限于汽车等工业产品制造,生活的更多层面也能看到它们的身影,比如滑雪、自行车比赛项目,如图5-34、图5-35所示,就可以根据风洞的气流情况,改善运动员姿势,同时优化头盔、服装带来的不必要风阻,在比赛场上取得更好的成绩。也许,此时此刻,你未来将要购买的新型汽车就正在风洞实验室的平台上测试着。

图 5-32　雪佛兰克鲁兹风洞过程（一）　　　　　图 5-33　雪佛兰克鲁兹风洞过程（二）

图 5-34　F1 赛车进行风洞测试　　　　　　　图 5-35　自行车运动进行风洞测试

除了风阻风噪测试之外，要求比较严格的公司还会进行热力学风动试验，如图 5-36、图 5-37 所示。

图 5-36　热力学风洞（一）　　　　　　　　　图 5-37　热力学风洞（二）

影响风阻的原因很多，不胜枚举，笔者筛选了一些与油泥模型造型比较有关的几点做个简单介绍，以方便模型师今后在做这些型面的造型时，知道如何处理。

（1）为了减少空气阻力系数，轿车的外形一般用圆滑流畅的曲线去消隐车身上的转折线，前围、侧围与发动机舱盖，后围与侧围等地方均采用圆滑过渡。

（2）发动机舱盖的纵向、横向曲率越小，越有利于减小风的阻力。

（3）弧面车头比方直面车头阻力小。车头低的话，阻力系数也变小，但不是越低越好，因为低到一定程度后，车头阻力系数将不再变化。

（4）风窗玻璃曲率越大越有利于减小阻力，但不宜过大，否则会导致工艺难以实现、刮水器难有效果。前后风窗玻璃与水平面的夹角不宜超过30°。风窗玻璃采用大曲面玻璃，与车顶圆滑过渡，有助于减小风阻。

（5）车身上的凹面、凹坑面积越大越深，风的阻力也就越大。

（6）后视镜作为独立于车身之外的部件，对风阻的影响特别巨大，在工作现场，模型师对这个部位的修改非常频繁，从优化风阻角度来说，造型上圆弧比方直好，小比大好，低比高好。

另外像降低整车高度，减小车身上部的宽度，前后灯具、门把手嵌入车体内，去掉不必要的装饰，车身表面尽量光洁平滑，车底用平整的盖板盖住，减小汽车的迎风面积等措施都有助于减少空气阻力系数。

第六章　设计美学与油泥模型

——眼睛与心灵需要美的滋养，借助美学法则
才能发现并创造更多的美

人各有体，车各有态，人有人格，车有车格！每款车各有其味，都是独立唯一的生命体。当代汽车已不仅仅是代步工具，而是越来越趋向于一件艺术品，当下的汽车造型只有让工业与艺术完美结合，才能满足激烈市场下越来越高的客户要求，才能赢得企业的生存与发展。

模型师是汽车工业与美学艺术结合过程中重要的一环，模型师对于美的认知程度，极大地影响着最终的造型质量。要想对美有所认知，首先得要学会欣赏美。好的绘画老师除了教授绘画技巧之外，还会带着学生观看欣赏名家名作，讲解这些画好在哪里、美在何处，这个过程中学生的审美力将得到潜移默化地提升，会让学生清楚地知道自身作品上的不足之处，对于提高绘画水平能起到事半功倍的作用。在古董收藏界，要想学会甄别古董的真假优劣，除了要在现实中多历练之外，更要多进博物馆欣赏精品杰作，多研究各个时期各个朝代的美学知识，开阔眼界提升眼力，把自己的眼力养好了，以后那些赝品、次品就入不了你的法眼了。

同理，模型师也是同一个道理，要想成为一位优秀的模型师，你必须具备丰富的美学素养，知道什么样的线条型面是美的，什么样的形体形态是好的，什么样的设计特征是符合当下或者未来趋势的，只有具备了这些能力，在工作过程中才能更好地与设计师沟通交流，才能更好地指挥握着工具的那双塑形之手。要知道模型师手上的力度强一点还是弱一点，就决定了反R面是深了还是浅了，倒角是大了还是小了，线条是硬了还是软了，转折面是圆了还是方了。不要小看这些小细节，这些细节的微妙不同，累积叠加的结果足以改变一台车的气质和最终设计质量，而这些微妙的细节，就算是有经验的设计师也很难分辨出来。另外，设计师也不可能事无巨细地告诉你他的所有需求，模型上很多地方的处理都需要模型师自己把握、自己决定，而要合格地完成这些任务，就要求模型师心中有对美的高度认知。可以说，技术只要你用心，通过时间与项目的积累一般都可以达到一个高水平，而真正决定一位模型师在他的职业道路上能达到什么境界、何种层

第六章　设计美学与油泥模型

次，美学素养的深浅才是决定性的关键因素。

要讲汽车设计美学，必须先讲汽车文化。汽车是一种工业设计，更是一种文化艺术，等同于我们这个缤纷世界中的任何一种艺术形式，就如绘画、电影、建筑等一样，都是人类历史发展进程中创造出来的瑰宝。汽车设计美学如同其他的艺术形式一样，都需要从"视觉之美、文化之美"来认识它，任何一件伟大的作品都离不开这两者，前者是其价值的体现，后者则是坚实的基础。如今有很多国内的汽车设计专业的毕业生经过多年的努力，已经打下了良好的艺术设计基础，在视觉美学上创造出了许多让人拍案叫绝的作品，可惜只有少部分能够将汽车文化赋予其中，这正是跟国际前列院校间的差距。理论上来说，中国设计师可以挖掘利用的资源除了广义上的汽车文化之外，还有很多民族性的东方传统文化有待弘扬，像书法、印章、珠算、丝绸、陶瓷、脸谱、皮影、武术、玉雕、灯笼、甲骨文、中国结、兵马俑、景泰蓝、秦砖汉瓦、东方建筑、中国漆器、汉代竹简等，这么丰富的东方文化，怎么被设计师开发利用再创造，这是每个中国设计师都要思考的。民族的才是世界的，脱离了自己的根是立足不了世界设计之林的，像平面设计界的靳埭强先生在这方面做得就非常成功，还有普利策建筑奖的首位中国得主——王澍，他们的设计无处不充斥着东方文化，他们将这些传统文化元素融入自己的设计作品中，不仅诉说着东方的文化情感，而且极大地展现了东方艺术的魅力，同时更是获得了全世界的高度认可和尊敬，中国汽车界的"靳埭强""王澍"会是谁呢？

这里的"文化之美"一词有两层含义。第一层是说，汽车这个工业革命发展起来的产物，纵观它的百年历史，是一直不断变化才走到今天的，因而有着它自己独特的历史文化、形态演变过程及特定比例密码；另一层含义则说的是它的产生、存在、发展及变化都是在特定的历史文化背景中进行的，就如我们人类的性格特征有很大一部分是决定于他的外部成长环境一样，这使得每个国家、每个民族由于它不同的历史文化背景，而导致所设计、所生产出来的车也截然不同。

正是基于上述内容，笔者将从"历史沉淀之美、理念风格之美、形式构成之美"这三个角度去诠释汽车设计美学与油泥模型相互之间的关系。

汽车油泥模型设计与制作

第一节 历史沉淀之美

——一本万殊，殊途同归

从19世纪末汽车诞生到今天，汽车造型风格千变万化、不断更新，其重大变革伴随着汽车架构、技术、工艺、法规的变革，包括发动机布置、驱动方式、车身结构、成型工艺、空气动力学、安全法规、通信、电子等重大改进。这些变化也导致设计美学的变革，而这些风格之间有着千丝万缕的联系，所有的变革万变不离其宗，汽车文化正是如此形成的，也将会继续如此地发展下去，因而想要把握其未来，必须先融入其历史。

从图6-1中，我们可以看出汽车造型随着岁月的变迁而日新月异，每一款造型都有其浓郁的时代烙印。本章节将以凯迪拉克车型的历史变更为案例，美国通用汽车公司的著名品牌凯迪拉克不仅是世界上最古老的汽车品牌之一，同时它的历史发展变化也是世界汽车文化形成一个典型缩影，透过它这个微观缩影，我们可以看到这一百多年以来汽车发展的时代变迁，可以强烈地感受到汽车造型在历史长河中所形成的汽车文化，其造型变化如图6-2～图6-10所示。

轿车形态的演变

马车

1900年之前

1901~1910年

1911~1920年

1921~1930年

1931~1940年

1941~1950年

1951~1970年

1971~1995年

2005年以后…

图6-1 汽车的历史演化进程

第六章　设计美学与油泥模型

图 6-2　1903 Model A

图 6-3　1927 LaSalle

图 6-4　1953 Eldorado

图 6-5　1976 Eldorado convertible

图 6-6　1999 Evoq concept

图 6-7　2002 Cien concept

图 6-8　2003 Sixteen concept

图 6-9　2013 Elmiraj concept

汽车的诞生初期受到马车的影响，这个时期的造型都是装饰性的马车风格。到了 20 世纪初，福特为代表的生产商希望扩大生产规模来实现大幅增加收益，因此低成本且易生产的厢式马车造型在美国孕育而生。到了 20 世纪 30 年代前后，空气动力学的发展使得流线型火车头设计在美国兴起，以 CHRYSLER AIRFLOW 为代表的造型设计诞生。法国的 DELAHAYE 在装饰艺术的基础上结合流线型设计出了一系列作品被誉为"The most beautiful cars in the history"（美国经典汽车杂志评其为"历史上最美的车"）。随着战争的爆发，极简高效及实用主义在德国被推崇，也创造出了甲壳虫，它的造型去除了极致的装饰主义色彩，将空气动力学的流线型及大众消费者的喜好调节到完美的平衡点。二战后，美国火箭文化的兴起，强烈地影响了凯迪拉克、别克、克莱斯勒等一系列美国车的造型设计，同时各种类型的其他风格也相应结合并发展出了一些新的造型。接着，20世纪60年代的巴洛克风、20世纪70年代至80年代的极简主义以及冲压机床等新的生产工艺的全面应用也相应催生了一系列全新的风格。例如以大众高尔夫Ⅰ为代表的硬盒子风、凯迪拉克的钻石切割设计理念等。2000年以后，汽车生产制造工艺水平大幅提高、节能环保理念盛行，使得汽车设计的风格更丰富多元化，同时高效轻量化以及新能源等课题成为影响设计风格的主要因素。历史的变化虽然复杂多样，但也有规律可循，汽车的发展变迁，简单概括来说就如图6-10所示。

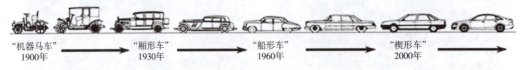

图6-10　汽车历史发展变化过程

汽车造型历史上的发展更迭，很多时候需要工程能力的提升与支持才得以实现，但有意思的是，造型设计团队和工程技术团队好像永远是对立的两群人，在工程师的思维中，可靠和低成本是最重要的，保守而成熟的技术和可借鉴的经验有助于提高可靠性，借用或共用零部件和简单粗暴的造型则有利于降低开发和生产成本，这种出发点显然和求新、求异、求时尚的造型需求相悖，最终的造型是设计和工程团队共同努力或者说相互妥协的结果。造型设计不能肆意地突破工程的研发技术限制，也不能傲娇地丝毫不顾忌成本。很多好的设计在造型处理上就顺带给生产、开发和组装带来便利，细看之下足以让人钦佩，而好的工程团队也有能力把自己定位为造型效果的实现者——保证性能，创新结构，攻克难关，而水平落后的工程队伍则会迫使造型不断做出调整，以优先保证车辆的正常生产和使用。汽车设计这样一项复杂的系统工程需要各个团队的共同努力，没有团队能够设计出所谓的完美汽车造型，每个团队每个环节的工作结果都会影响最终造型和质量。

我们再看一下奥迪A6的历史演变过程，如图6-11所示，在造型上十分看重整车比例的欧洲，面对竞争对手奔驰、宝马等。采用前置发动机、前轮/四轮驱动的奥迪汽车天生就带着前悬过长、

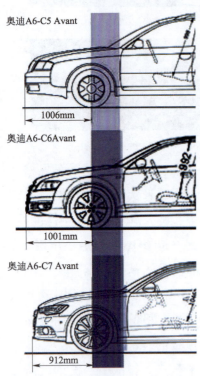

图6-11　A6-C7大幅度缩短了前悬，增加了车颈长度

车颈过短的短板,在设计团队的强烈要求下,奥迪的工程师们绞尽脑汁,硬是在已经非常紧凑的发动机舱开发了一套"前轴前移"的设计方案,并应用到了新一代的大部分的轿车车型当中。

　　了解了历史,知晓了文化,还要懂得欣赏,才能更好地把握现在和未来。笔者在模型师培训课上讲过:"一个优秀的模型师首先要学会欣赏车,只有当你知道一台车好在哪里、不足在何处时,你的大脑才能指挥你的双手去调整、去改造型,才能交付出一台符合项目定位需求的汽车油泥模型。"欣赏汽车无外乎从以下几个方面入眼:美学角度、设计构成角度、品牌角度等。其中拟人化、拟物化欣赏是一个非常重要的欣赏方式,汽车实际上就像人一样,有着眼睛、鼻子、嘴巴、身材、高矮胖瘦,它们因为设计的不同,给人的感觉也大不相同,各有味道与气质,有的像型男酷劲十足,有的如美女温柔婉约,有的像小孩乖巧可爱,有的如成人身姿矫健,表情各异,或懵懂、或凶恶、或沮丧、或俏皮、或古怪,如图6-12。

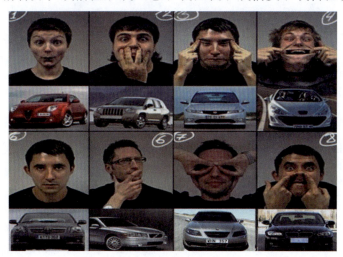

图6-12　人的表情与车辆造型的类比

　　让我们屏蔽其他视觉元素,把车灯与格栅提炼出来,看看它们组合在一起呈现出来的一张张脸谱,细细品味每辆车的前照灯,其犹如一双双大眼睛在注视着你,大眼睛或柔和、或犀利,为每辆车注入情感符号,指引车辆前行,然后再把进气格栅作为嘴巴,那么整张脸就已现雏形,如图6-13、图6-14所示。当然,我们还可以看到它的身材,它的性感臀部等,可以这么说,当一台车在你身边时,你都没有注意到它的存在,只感觉到它是一个形而已,让你停留三秒钟打量它一下的吸引力都没有,那这台车的设计是极其失败的;而另一台车一开到你身边,你立马被它的气势和外形给震慑到,这就是车的存在感。而这个造型是否能在美学、心理学上给人足够的吸引力,是否能激起消费者的购买欲望,这些或许就是每个品牌、每辆车的差距所在了。

图 6-13 生态化、表情化的脸庞

图 6-14 机械感、科技感的脸庞

说到欣赏车，我想在这里重点强调一点，就是要学会"养眼"，如何理解这个词呢？就是要频繁地用好车去滋润自己的双眼，这就好比艺术家和收藏家最喜欢去艺术展和博物馆一样，他们热衷于去那些地方，就是去欣赏、学习那些杰出艺术品，这对他们的创作和眼力的锻炼是最好的途径，所以次品、赝品就入不了他们的法眼。模型师和设计师也是一样，要学会常态化地欣赏好车，一定要是好车，这里所说的"好车"并不一定就是豪车，而是特指那些在造型设计上成功而优秀的好车，这与价格不是简单的等号关系。认真仔细地品位这些设计成功的车型好在哪里、妙在何处，欣赏它们的比例、形态、点、线、面的合理应用，欣赏它们的整体与细节之美。当时间与阅历的积累从量变到质变的那一天，你的眼睛与大脑就会清楚地指挥你的双手，告诉你应该怎么去塑造型面之美、车身之美了，心到眼到手才能到。

第二节　理念风格之美

——诸子百家，百家争鸣

汽车归根结底是人创造出来的，因此设计师的成长环境以及文化差异一定会造成作品不同的性格特征和理念风格，例如美国车大气豪迈、德国车规矩严谨、法国车唯美浪漫、日本车经济细致、意大利车热情奔放等。形成这些差异有两个重要因素，第一就是民族性格的不同，第二是各个国家汽车产业发展的进程不同。

一、美国的汽车造型

美国是一个活在车轮上的国家，美国人出行使用公共交通的比例在全球范围内是非常低的。他们没有欧洲和日本那样密集而先进的高速铁路网，除了一些大城市之外，很多城市没有地铁和公共汽车，即使有公共汽车，一天只有早晚各一班，也没什么人坐。美国人一般是短途乃至中途出行都开车，实在太远的旅行才会坐飞机，在美国很多地方，没有车或者不会开车，简直是寸步难行，美国的公路网极其发达，路况大都不错，而且由于人口密度小，道路一般比较宽阔，很少拥堵。对于汽车如此强的依赖、幅员辽阔的国土、超过3亿的人口、发达的经济、极强的购买力使得美国的汽车消费能力位居全球之最。和欧洲相同的是，美国一个家庭也普遍拥有多辆汽车，但是在车型的偏好上却有很大的差异，对于紧凑型两厢车、旅行轿车、紧凑型MPV来说，在美国不受欢迎，美国人更喜欢中大型三厢轿车、中大型MPV、各种尺寸的SUV、皮卡、跑车等气派但是浪费能源的车型。

作为世界上最大的汽车厂所在地，美国有着自己底蕴深厚的汽车文化，由于地理环境的不同，油价偏低，美国人对于车的爱好可以总结为"大"和"奢华"。火车、火箭以及飞船等领域的兴盛对其汽车造型有着重要的影响，加上其国土幅员辽阔、资源丰富、人口密度稀疏、喜欢长途旅行，因而美国车以大气豪迈著称，如图6-15、图6-16所示。通用汽车公司坚持美国特色，其造型体形宽大、内饰豪华、排场实用，引入中国以后，通用汽车经过泛亚在本土化改造和降低油耗方面做了巨大的工作，现在效果已经显著，福特汽车公司近年的量产汽车更接近欧洲风格（林肯除外），而首创的新边缘（NEW EDGE）设计让其概念车大出风头。

汽车油泥模型设计与制作

图 6-15 美国车大气豪迈（一）

图 6-16 美国车大气豪迈（二）

二、德国的汽车造型

德国是汽车的发明者，其极富影响力的包豪斯设计理念——简约、理性、严谨，极大地影响着德国的汽车设计，另外，日耳曼民族性格中的冷静理智、踏实坚韧，也在很大程度上影响着他们的汽车设计，如图 6-17、图 6-18 所示。在可见的将来，豪华车还会是德国的天下，那是因为技术、血统、传统、文化等原因。

图 6-17 德国车规矩严谨

图 6-18 德国车激情豪迈

第六章　设计美学与油泥模型

奔驰汽车常常给人带来不少惊喜，A、C、S级别的轿车造型都十分优秀，既有创造力又符合定位的车主身份，显示出雄厚的实力。宝马则力求多元化：3系、Z4的年轻，5系的成熟，7系的华贵，X5的稳重，Z8的怀旧和Z9的前卫，这些都让人无法忘记。大众的造型观念以实用风格为主，简洁明了的线条和大曲面微棱角的处理是大众设计师的拿手好戏，而旗下各车厂都明显带有大众风格，奥迪是其中做得最好的，A6的设计当初曾让世界震惊，而敢于把造型怪异的TT投产本来就需要一种勇气。

三、法国的汽车造型

近年来，雷诺、标致、雪铁龙都不断推出概念车，除了展示新技术之外，浪漫的法国人更表明了领导世界造型潮流的决心。雷诺善于开发新颖的市场定位和造型元素，其中Vel Santis、Aventime都是脍炙人口的作品，标致则与Pininfarina有着多年的合作关系，而自己的设计部门也水平不俗。2000年标致曾在网上进行公开设计比赛，冠军作品将作为2002年法兰克福车展的概念车，由此可见标致对造型的重视。为什么许多设计专业的学生都钟情于雪铁龙，他们很多习作和比赛作品都是为雪铁龙设计的，因为他们了解雪铁龙在造型方面的开明和前卫，但稍显遗憾的是雪铁龙经常是概念车出彩，而量产车普普通通。

法国汽车的发展受到装饰艺术、巴洛克风格以及高级时装业的极大影响，加上其城市街道较小，使得今天的法国车唯美浪漫，拥有紧凑且另类独特的整体造型以及精致丰富的细节，如图6-19、图6-20所示。

图6-19　法国车唯美浪漫（一）

图 6-20　法国车唯美浪漫（二）

四、意大利的汽车造型

欧洲是世界汽车造型发展的中心，意大利则是汽车造型设计的圣地，这里荟萃了世界上大部分专业设计工作室，Italdesign、Pininfarina、Bertone 等设计室都是全世界造型设计工作者所膜拜的神圣殿堂，与之相映成趣的是意大利各家车厂的车身造型设计能力并不高，也许是近水楼台先得月的原因，意大利车厂对各设计室的依赖性很强，基本上新车车型的前期工作（有时甚至是整个开发过程）都交给设计室完成。意大利是一个充满艺术气息的国度，意大利人也总是带有浓烈的艺术气质，似乎他们生来就懂得如何诠释"美"。意大利是赛车诞生且蓬勃发展的地方，他们对艺术及时尚的独到见解以及深厚的历史艺术文化，加上与法国一样道路较狭小，使得意大利车在紧凑的同时造型千变万化，极富创造力，诞生了多位伟大的设计师，一直是世界汽车设计的潮流引领者，如图 6-21、图 6-22 所示。

图 6-21　意大利车极富创造力，引领潮流（一）

图 6-22　意大利车极富创造力，引领潮流（二）

意大利的菲亚特在小车的设计能力上不弱于大众这位小车行家，他们的小车在欧洲市场占有率相当可观,秉承了南欧人比较浪漫的特点,他们在设计上经常能有一些神来之笔,这是严谨的德国人不擅长的。不过,他们和德国、日本同行相比,大工业化生产和质量控制的能力稍差,而且产品本地化能力也不行,这就是为什么法国和意大利车很难走出欧洲的原因。

五、英国的汽车造型

英国是欧洲另一个造型发展中心,汽车造型在这里得到了充分的重视,这里有两所汽车界赫赫有名的设计院校:皇家艺术学院和考文垂大学。英国培养出了很多优秀的汽车设计人才,广泛服务于全球各地的欧美日汽车企业,但是,"英国车"这个概念,可以说基本上名存实亡了,仅有的几大豪华品牌也被其他国家所收购。

六、日本与韩国的汽车造型

日本人口高度集中在中部和南部少数大城市,资源匮乏、油价高、城市街道窄小、国土面积小。这些特点决定了日本车厂在本土投放的大都是小排量(很多不到1L)的小车,很多还是方头方脑的,油耗低、排放低、空间利用率高,非常适合在城市内穿街过巷,轿车也是以中小排量为主,如图6-23、图6-24所示。

图6-23 日本车经济实用(一)

图6-24 日本车经济实用(二)

日本车基本上是诞生于20世纪60年代至70年代,蓬勃发展于80年代至90年代,这个时期由于新的大批量生产冲压技术的诞生,硬盒子车型成为主流,而这种风格也正是经济实用简约的代名词,因此日本正好利用这个特点将其产品形象深入地推向全世界。日本三大车厂——丰田、日产和本田在北美和欧洲都有大型的研发中心，设计师以本地人为主，日方人员数量较少，以这样的方式可以最大程度上设计出迎合当地消费者的车型。日本车厂的海外研发人员数量远大于本土的研发人员数量，从这一点上可以看出他们的策略是与欧洲车厂不同的，日本汽车厂曾经让欧美车厂吃尽苦头，成为汽车界举足轻重的主流之一，但近年似乎有没落的迹象。丰田基本没有佳作，本田也不见得强多少，三菱和五十铃比较出色，五十铃在SUV的造型上吸收了许多欧美的设计理念，似乎也更喜欢用造型打动车主。

反倒是韩国车厂多年来一直在努力寻找出路，在尝试推出新功能、新定位车型的同时，也在造型上狠下功夫，让大家眼前一亮。现代公司设在加利福尼亚的设计部门几乎每年为总厂提供一辆概念车，急于向世人展示其新车的开发能力，创新就是他们的方法，大量海外归来的设计专业学生形成了韩国汽车造型的中坚力量，如图6-25所示。

图6-25　韩国车正在异军突起

七、中国车

说实话，中国车发展了几十年还没有形成自己的风格特色，没有找到自己的DNA，还只是奔跑在路上的追赶者，甚至不少车企还戴着山寨的帽子舍不得扔，仍在走着逆向设计开发之路，且不以为羞，令世人唏嘘不已。但所幸近几年多数中国民族品牌集中发力，异常坚定地坚持正向设计，追赶的脚步明显提速，开始让国人感受到了一丝慰藉和希望。

如今其实有很多国内设计师经过多年的努力，已经打下了良好的设计基础，在视觉美学上创造出了许多让人拍案叫绝的作品，可惜还没有形成以点带面的宏观气候，也只有极少部分设计师能够将汽车文化与民族文化结合起来。

星星之火，可以燎原，中国汽车设计背后倚靠着如此强大的市场，未来的中国汽车设计是否能横刀立马、指点江山？是否也能如汽车市场一样，数风流人物，还看东方？让我们拭目以待！

第六章　设计美学与油泥模型

第三节　形式构成之美

——美是有法则的，是有规律可循的

抛开一件作品的精神内涵，单从外在形式去讨论它的美与丑，我们称之为"形式美法则"。虽然我们每个人的审美观不一样，但并不妨碍"形式美法则"被大家共同接受，这就像各个国家的文化、宗教、传统都不同，但善良、友爱、诚信、正直这些普世价值观，却被全人类所共同接受一样的道理。不同的书法家写的书法虽然风格迥异各有区别，但它们中间还是能找到固定的章法与格式。形式美法则众多，但在模型设计上经常会运用到的主要有以下几条：比例与姿态、统一与变化、均衡与稳定、对比与调和、主与从、过渡与呼应。

一、比例与姿态（图6-26）

比例在汽车造型中就是局部与局部、局部与整体之间的比例关系。比例是影响汽车造型美丑与否的重要因素，在一辆车上，如果说比例调得比较好的话，这辆车就已经成功七成了，而比例不对，全盘皆错。比例关系是空间上的、体量上的，可以说是造型推敲来、推敲去的极致。一辆好的汽车就如建筑设计一样要有扎实的结构、出众的比例以及紧紧围绕主题理念的造型，如果能够循序渐进地做到以上三点，那么它的设计已经成功了九成，由此可见比例的重要性。中国古代木工祖传的"周三径一方五斜七"的口诀，就是制作圆形或方形物件的大致比例关系。古代画论中有"丈山尺树，寸马分人"之说，人物画中有"立七、坐五、盘三半"之说，人的面部有"五配三匀，三庭五眼"之说等。这些都是比例，都是人们对各种人与自然事物比例关系和谐美感的理解与概括。每个模型初始要讨论的都是比例问题，如果一开始比例正确，接下来的设计细节就会容易得多，反之比例不好，将会有一大堆的问题在后面等着。

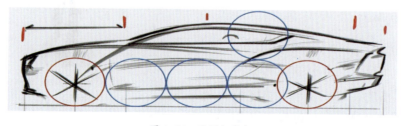

图6-26　比例与姿态

在感觉上，比例流露出恰到好处的完美分割。其中最有名的是古希腊著名哲学家毕达哥拉斯于2500多年前发现的黄金分割率，其比值为1.618，如图6-27

图6-27 黄金比例公式

所示。在艺术史上，几乎所有的杰出作品都不谋而合地验证了这一个著名的黄金分割率，所以它对汽车造型的重大意义笔者毫不怀疑，不过黄金分割比虽然是公认的美学比例关系，但如果缺乏对整车形态元素的统筹考虑，机械地套用黄金分割比，其结果也不见得完美，因为汽车是很复杂的工业产品，其造型历经一百多年的演变，已经不是简单的美学原理所能描述的。形态元素之间也已然形成了针对比例关系的干扰，有时不妨在参考黄金比例的同时，也尝试着相信我们的感性，当然这份感性必须要建立在不断提升自己内在审美力，并有一定的眼力与自信的基础之上，如图6-28、图2-29所示。

图6-28 跑车的姿态与比例

如果说到具体应该关注哪些比例关系的话，以汽车外饰设计来论，如图6-30、图6-31所示，主要有以下几点。

（1）轴距与整车之间的比例关系。

（2）前后悬的比例关系。

（3）车轮大小与整车间的关系。

（4）DLO侧窗及车身大侧面的比例关系。

（5）HOOD 发动机舱盖以及 DECK 行李舱罩相对整车的比例关系。

（6）车头上部分与保险杆下部分的上下比例关系。

（7）车尾上下部分的比例关系。

（8）格栅、车灯及车头整体的比例关系。

（9）尾灯与车尾整体的比例关系。

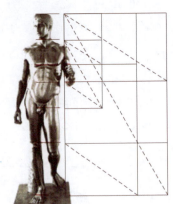

图6-29 人体的结构比例

第六章　设计美学与油泥模型

对这些比例关系的关注与思考，不应该只是设计师的工作，模型师也必须要融入其中，把这些作为自己的工作范畴，主动参与观察研究这些比例关系是否和谐、均衡、优美，这样做起模型来才会有的放矢，才知道自己工作目标与方向的对错。如果能够将以上的比例关系把控好，那恭喜你，后面的工作将轻松很多。

图 6-30　车各部位之间的比例与车姿（一）

图 6-31　车各部位之间的比例与车姿（二）

姿态为先是一个汽车设计者应该具备的造型理念，也相信多数业内人士持有相同看法，在汽车造型推敲过程中，整车姿态永远是最首要的，任何一种姿态推敲好了都会形成一种成熟的风格，这是造型流程中的重要基调，如图6-32、图6-33所示。特别是在正向设计阶段，如果模型师和设计师不能把姿态推敲好，那将给后期的造型环节增添巨大的工作量，尤其是大型面的走势，如Y0就属于重中之重。Y0作为影响姿态的重要因素，它的一点变动，其他所有的型面几乎都要跟着动。在正向开发中，曲面的很多造型永远不如姿态更重要和优先。

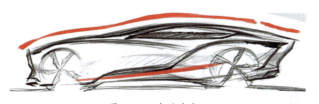

图 6-32　车的姿态

图 6-33　壶的姿态

模型以油泥刮削为主，分为粗刮造型和精刮修整两个环节，粗刮造型很大一部分工作就是调节姿态，如图6-34所示，姿态所包含的不仅仅是整车的轮廓和特征线，也是面的倾向性及面与面之间比例关系、视错补偿关系等的集合，通俗点讲，这就好比一个人从远处朝我们走来，他是挺拔还是佝偻，这是他带给我们视觉上的第一印象,如果伛偻着腰,估计很多人都没兴趣再关注他长相如何了,你再去看天安门国旗护卫队的那些身姿,一个个英姿飒爽,虽然看不清他们的容貌,但敬爱之心早已油然而生,这是身体的姿态在人身上的重要体现。车的姿态同样如此,它是体现精神面貌、文化内涵的一种重要语义,所以姿态非常重要,请记住——姿态为先。

图 6-34　做模型先要把姿态调好

如图 6-35 所示,蓄势待发的蹲伏姿态,迅猛凌厉的线条,隐形战机般的华丽跑车,即使静止也让人仿佛感受到野兽般低沉的吼声。

图 6-35　蓄势待发迅猛凌厉的车姿

二、统一与变化

所谓"统一",在设计美学中视为整齐、归一,统一并不是要求千篇一律,如果没有变化的统一就会显得单调乏味,也就无所谓真正的统一了。统一与变化在设计学上是一对孪生兄弟,互相衬托着。统一是为了避免画面的混乱,在汽车造型设计中的统一是车身整体风格的一致,也是各部位的相互和谐搭调,如图 6-36 所示。所谓"变化"是指汽车各个结构形式上的区别与差异,如模型上主要是由散热器罩、灯具、前后保险杠、侧面、前后侧窗、前后翼子板等组成,这些部位由于功能的需要,形体各有不同,视觉效果容易显得烦琐、杂乱,这时候就需要使这些变化统一在一种艺术特色的风格里面。

图 6-36　统一中有着颜色的变化

第六章 设计美学与油泥模型

统一与变化并不是无序的,在汽车设计中,我们应根据汽车的功能与结构特点,从整体出发,从统一中寻求变化,从不同中找到共同,将各自不同的型面有机地结合起来,形成一个统一的整体,使车身既有丰富的变化又有清晰的条理秩序,从而产生较强的艺术感染力。只有变化与统一有机地结合,构成统一的整体,才能具有赏心悦目的审美效果,才能营造出一种和谐的美感。

在模型设计实践中主要是通过线、面、形体与颜色等视觉元素,使汽车的形状和结构产生有秩序的变化,如起伏、凹凸、长短、高低、方圆、肥瘦,这时候就需要在变化中寻求统一,没有变化的统一是死板的,是没有生命力的。例如某一间房间内的陈设虽然都是精制的,但物品之间的造型或者色彩没有任何联系,感觉像是拼凑在一起的,这就不可能获得整体和谐的美感。只有各个部位有机地联系起来,相互呼应,变化中有统一,统一中有变化!你中有我,我中有你,从而组成和谐的统一体,这样才可能反映出作品的主题构思和精神面貌,才可以产生艺术感染力。汽车造型概括来说就是造型的整体化与流线型化,汽车的结构布局从原来无机地堆积组合发展成为当今有机地结合成整体,明显地看出翼子板、车灯、保险杠、车顶和车窗这些变化体都组合在一个统一体之中,如图6-37、图6-38所示。

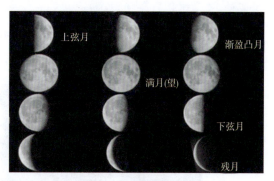

图6-37 形状的变化

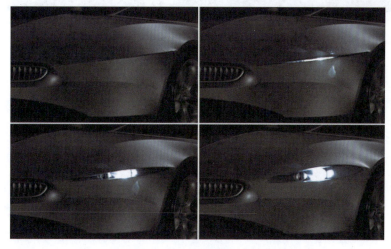

图6-38 时刻处处彰显着动态的变化

在这个统一的大框架之中,变化的风格不能相差得太远,否则完全对立的几种元素也很难统一起来。比如整台车身都是刚劲有力的线条，突然 Body Side 来了一根棉花糖似的软绵绵的线条，亦或者钻石切割的型面元素中加了一个 Smart 似的可爱风格的元素，这种牛马不相及、南辕北辙的变化搭配肯定是很难统一的。统一中的变化应该是相似、相近，至少是不能太过对立的两种元素，就像磁极中的南极与北极是永远无法统一走到一块的。

除了线、面的统一与变化之外，模型师在油泥模型上更多地要关注"体"的变化与统一，模型的"整体"是由不同的小的"体块"组合而成，这些小的"体块"之间的关系就需要符合"统一与变化"这个形式美的法则，如图6-39所示。比如整车强调的是力量、肌肉的话，各个小的"体块"就得统一到这个大的指导思想之下，就要做出符合力量肌肉美感的"体块"，并形成这样的整体风格。但是在一些适当的地方可以适量地增加一些变化，比如加上一些飘逸、灵动、轻盈的小形体，这样就不至于连篇累牍的肌肉力量，令人看了枯燥乏味，不过要注意这些特殊的小形体无论在视觉面积还是体量上都只能是一小部分，千万不能喧宾夺主，还要避开抢眼突兀，它们最大的作用就是穿针引线、点缀丰富内容、增加细节变化。

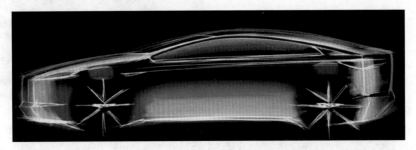

图6-39　车身各部位的形态互相散发磁场、互相关联

三、均衡与稳定

所谓均衡是指不同形或不同量的一种平衡状态。造型艺术中的均衡是指艺术品各部分形象分布情况的平衡感，均衡不是主次不分，一律平等对待，相反在造型设计中应尽力避免如此。在汽车设计中，针对汽车各部分形体在空间范围内的视觉中，须保持一种力的平衡关系，至少在视觉上要给人以均衡和稳定感，均衡强调的是视觉和心理感受，简而言之，均衡并不是物理上的平衡而是视觉上的均衡，是一种心理感觉上的平衡。因此，它不是形式上的绝对相等，而是视觉上的相对均衡、体量平衡，如图6-40、图6-41所示。在造型元素众多的车头与车尾中，稍有不慎，就容易布局或松散、或拥挤，重心或偏上、或偏下，很难达到一个均

衡状态，所以上下格栅、前后灯、雾灯、牌照板等各个部位的大小、位置、形状都将决定最后的整体视觉效果，都需要模型师在模型上仔细揣摩尝试。

图 6-40　造型元素众多的车头与车尾如何布局与组合，做到视觉均衡是做模型时需要重点思考的

均衡在外观上实际是破坏对称的，但实质上它又是对称的保持。对称是最简单的均衡形式，均衡是对称形式的更高层次。有些画面并不一定对称，但它仍然很美，那就是因为它符合"均衡"的法则。对于汽车设计美学来说，很看重视觉的均衡，通过视觉的均衡可以保持秩序、完整和统一。

图 6-41　打破常规非对称的均衡广泛应用到设计上

均衡是一个非常重要的设计准则，具体到油泥模型上，是体现在各部件大小、面积、长短、体量上的一种均衡，也可以称之为一种关系的平衡。均衡会令人视觉上看得舒服。记得别克未来Ⅱ车头的油泥造型阶段，在车灯、格栅这些部件的布局上，笔者给予设计师的建议最多，那是因为之前的布局没有做到足够完美的均衡，后来我们反复尝试了多次，才找到一个最佳状态。均衡特别适合用在观察部件比较集中的地方，比如车头和车尾。

稳定是为了使人产生不倾倒的感觉，稳定给人以稳重、安详、平稳、轻松的感受，而不稳定则给人以动摇、倾倒、危险、紧张的视觉效果。对于汽车，作为高速运动的物体，如果没有稳定感是难以令人接受的。这一点和物理学的客观规律是完全一致的，只有稳定的物体才可能运动。自然界中万事万物多呈现出均衡与稳定的自然美感状态，从人的心理出发，上小下大的形态具备稳定感，如沙丘、山脉、树干等，所以高楼大厦、汽车形态何尝不是上小下大。稳定之中有均衡，均衡中渗透出稳定，如图 6-42 所示。在模型设计中，均衡与稳定须达到二者兼顾、和谐统一的目的。稳定更多的时候又与车的姿态关联紧密，姿态会更多地影响到车姿稳定的程度。

图 6-42 跑车因为高速的原因,所以需要更低的底盘带来视觉以及安全的稳定

四、对比与调和

对比是与平衡、静态相对应的一种状态。为了显示主要的成分往往可以通过对比取得作用。对比是造成视觉冲击力的有效方式,对比一定意义上就是制造矛盾和冲突,矛盾代表了一种张力,能够挑起观看者的情绪反应,带来强烈的视觉感受。无论是影视作品还是其他的艺术作品,没有矛盾、没有对比就会使画面寡淡无味如一潭死水,就像电影中总是有好人与坏人,有善良的人与歹毒的人,有了这些矛盾与对比,才有戏剧效果,才能突显艺术张力。

在汽车造型中,例如车身前、中、后三段比例中,如果前悬与后悬短小就能显得车身轴距相对地长,这就是对比起到的作用。在处理重点部位造型时,往往可利用对比去衬托效果。设计中应用对比的手法可以起到加强或突出主题的作用,从而加深对人的感染力。自然界本身就形成了复杂的对比,比如蓝天白云、绿叶红花、老树嫩芽,这些都让我们感受到了自然的丰富多彩,有强才有弱,有松才有紧,有虚才有实,有急才有缓,如图 6-43、图 6-44 所示。

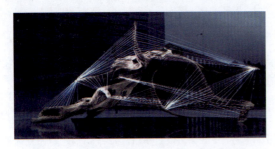 

图 6-43 柔性与硬质材料的对比,虚实的对比 　　图 6-44 大小疏密的对比

由于周围环境的不同,同一大小的点会使中间的两个点也产生不同大小的错觉,但怎么才能让对比不突兀,这就要有调和,调和是调整事物之间的差异关系。调和是为了营造视觉亲和力,是达成画面和谐一致、促进统一的主要方式,有调和才能在对比的变化中求得统一。

第六章　设计美学与油泥模型

调和是对比的反面，如果没有对比，只求调和就可能造成单调，无法形成主题的效果。设计中，恰当地运用调和，能够起到承上启下、承前启后的作用，它能把看来不相干或不连贯的汽车各部件形体有机贯通，使它们结构严密、层次清晰、整体感加强，还能有效避免散乱破碎或头绪不清等弊端，还可以把两个相邻的元素联系起来获得视觉效果上的二维或三维的空间效果，如图6-45所示。

对比与调和，如效果图6-46所示，为了突出金属质感，而用到了强烈的黑白对比，高光视觉冲击力极强，金属感觉跃然纸上，但如果整张图都如此对比，画面则会花掉，所以就出现了很多调和色，也就是灰色调子。灰调子的出现很好地调和了黑白两色，避免

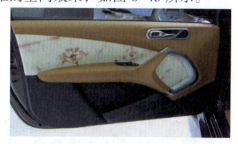

图6-45　材料与颜色的对比与调和

了过分冲突，使整张画面显得和谐舒展。而图6-46的右半边枯树与年轻女子，则是枯藤老树与活色生香生命之间的鲜明对比，在貌似不关联充满距离的两者中间，却又在同时起舞赞歌，通过这个共同的态势起到了非常好的调和作用，让画面在对比的同时却能和谐地共存。同理，在油泥模型上，如图6-47所示，两处箭头所指的高光要凸出，就要用到阳面与阴面的强烈对比，但又要保持整台模型的和谐不突兀，意味着其他地方要用到大面积的调和。

图6-46　对比与调和运用的典范

图6-47　对比与调和在模型上的体现

某种程度上做模型就是在空间上营造一个合理的黑、白、灰的关系，无论造型的布局还是高光的调和，除去设计本身，处理好黑、白、灰三大调子是模型师

在模型上最本质的工作任务。

对比与调和在汽车设计实践中是一对矛盾的统一体。过犹不及、量体裁衣。对比过强，视觉反差太大，会使汽车给人以生硬、不伦不类的感受；调和过强，则视觉冲击力降低，主题不明确；只有对比没有调和，汽车形象就会产生杂乱、动荡的感受；只有调和没有对比，汽车形体又显得呆板、平淡。对比与调和在某种程度上是互相制约、相互依存的关系。一方的减弱，必然偏向另一方，这也符合哲学中的事物间相互转化与相互制约的辩证原理。在汽车车身设计实践中，对比与调和的表现形式很多，主要有：大小的对比与调和、形状的对比与调和、方向的对比与调和、虚实的对比与调和、颜色的对比与调和等，如图6-48、图6-49所示。

图6-48 黑与白强烈对比产生的艺术效果

图6-49 对比的诸多形式

五、主与从

"主"可以理解为"主从"当中的重点，"从"就是用来衬托重点的其他视觉元素。只有拥有鲜明的主题，艺术作品才会有强烈的感染力，才可以激起人们的心理反应。汽车造型效果给客户最直接的印象就是车的主调，或者叫基调。造型上最忌讳主次不分或形成两种均势的成分，次要成分对主题只应起到烘托的作用，否则，不可能在造型效果上给人以主题明确的印象。通俗地讲，"主"即是"花"，"从"就是"叶"。主从关系就好比小说和影视中的主角与配角、色彩的主色调和非主色调的主宾关系。

如图6-50所示，Logo是主，旁边的弧线是从，弧线的从很好的衬托了Logo的主。主从处理得当，会使主题和重点突出、层次分明，主从处理不当，会使设计平淡乏味、没有重点、如白开水。在设计中视觉元素平均对待或竞相突出，都会破坏整体与局部的关系，使设计处于杂乱涣散、单调平庸。汽车造型的主题相当于一切艺术作品的主题，主题就是其设计思想的反映，在设计中要将重点设置在视觉中心位置，达到主次分明又相互协调，以实现车身统一的视觉美感。

第六章　设计美学与油泥模型

图 6-50　造型上 LOGO 是主，旁边的弧线是从

事物都是由许多不同形式的因素构成，而这些因素中有些是主要的，处于主导地位，有些是次要的，位于从属地位。我们要根据事物的性质、特点来突出"主要矛盾"，削弱"次要矛盾"，从而组成一个有中心、有主次的和谐统一体，达到主从分明、完整统一。在汽车造型设计中，为了突出汽车的主体部位，以简练的手法使重点突出，做到车身形象鲜明又有整体特色，需要围绕视觉重点有序地排列与组合，视觉重点既是设计的核心又是视觉的焦点，对于汽车设计，首要分析其主要用途与人的使用，然后进行各项设计分析与细节的处理。主次有秩的汽车设计给人以明快清晰感，主次混乱的设计给人以浑浊迷茫感，一个和谐统一的车身设计首先应突出主体，有了主体才有次体，有了次体更能突显主体，协调主从，才能达到层次清晰、相得益彰，如图 6-51 所示。

以图 6-52 来说，车身的主体高光，视觉中心是黄色箭头所指区域，从属高光是红色箭头所指区域，所以红色区域的高光就不能强过黄色箭头区域，无论在体量还是面积上都要弱于它，有了主次之分，才能烘托出车身整体美。另外，图 6-52 中车身上最主要的线条是腰线，其他线条在视觉上就要处理得柔和一些，都强则都不强，都弱则有可能都弱！

图 6-51　底部的从属纹路就是为了衬托上面的几何图样

图 6-52　高光区域的主与从

157

六、过渡与呼应

过渡是指在模型各部位之间起到桥梁或铺垫作用的一种设计手法。设计美学中有强才有弱、有松才有紧、有虚才有实的对立艺术形式，要想使之对立不突兀，就要有过渡。过渡会体现出一定形式的渐变美、节奏与韵律美。恰当地运用过渡能够起到承上启下、承前启后的作用，能把看来不相干或不连贯的汽车形体有机贯通，使汽车各部位的结构更加严密，层次更加清晰，整体感更强，还能够有效避免散乱破碎或头绪不清等弊端的出现。

过渡通常是通过大小的渐变、位置的渐变、形体的渐变来实现，例如在汽车设计中，主要通过线、面、体、形等方面来实现过渡。合理地使用过渡形式会使汽车造型设计达到完美和谐的艺术效果，如图6-53所示汽车设计中过渡的典范：首先是形体上的过渡，其次是色彩上的过渡。通过这两个过渡形式的运用，让人一看到这台车，就立马想到大黄蜂这个生物体。

图6-53 从生物到汽车的过渡

呼应是指在造型设计中为了加强联系，呈现出视觉的相互照应与有机协调。呼应的主要作用在于表现整体美，以防止结构松散、紊乱无序，因此处于前后、左右、上下等不同空间位置的视觉元素之间，要体现出相互呼应的形式规律。在汽车造型设计中，主要通过运用相同或近似的形态、材质或装饰风格来求得各部件之间的呼应。例如汽车的前照灯与后照灯之间的交相呼应，使汽车整体设计浑然有序、连贯畅通。如图6-54所示，侧裙的特征线与前后保险杠的特征线应该有过渡与呼应的关系，如此才能做到车身设计上的统一与视觉和谐。

图6-54 侧裙特征线与前后保险杠特征线的过渡与呼应

第六章　设计美学与油泥模型

过渡与呼应意在营造汽车各部位间彼此关联、相互照应的关系，其目的在于促进汽车造型设计的整体性与统一性，使汽车设计的风格在变化中达到和谐统一，二者是设计元素之间相联系的桥梁和纽带。过渡与呼应，是艺术创作领域最常用的手法之一，在汽车内饰设计中，过渡与呼应更是形影相随的，看似随意的仪表板与侧围板实则遥相呼应。如图6-55所示，前照灯与LOGO在形体的感觉上都属于同类型的多边形，而且在色彩上呼应得也是相得益彰，让整个车头画面显得非常和谐。另外，如图6-56、图6-57所示，在艺术的创作上同样使用了过渡与呼应这个设计手法，使作品在充满惊喜的同时却又如此自然。

图6-55　前照灯与LOGO在色彩与形态上的呼应（还有前灯与尾灯的呼应）

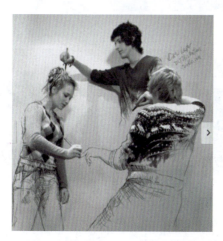 

图6-56　艺术创作上的过渡与呼应（一）　　图6-57　艺术创作上的过渡与呼应（二）

所有的形式追求都是为了意义的表现，设计美学应用范围广泛、领域众多。在生活和工作中，小到个人形象，大到各种设计都能应用到，它也不是一成不变的法则，也不是教条的规则，它会因人、因事、因车型的不同而变化、应灵活运用，切忌生搬硬套。

在汽车设计和模型制作中，这些"美"的法则无处不在，这些美学规律，构筑了汽车造型设计美学的平台。随着时代的发展和科技的进步，人们的审美也时刻在发生变化。我们这里讲的是主流意义上的审美法则，现实生活中不乏另类、不遵循这些法则的成功案例！由于人的社会经历不同，对客观事物的审美见解也各有所异，人们对汽车造型的审美也存在一定的差异性，在这里找出这些规律性的形式美学法则，就是希望为我们的汽车油泥模型设计所用。

优秀的模型师必须要有设计师的思维，精通模型专业的同时，还能站在设计师角度观察审视和制作模型，要成功胜任这个角色，除了扎实的专业技能之外，设计修养尤其重要。模型师不应该只是做了很多油泥模型，还应该是设计了很多油泥模型，这正是作者在本书写下这个篇章的原因所在。

最后，再让我们看一些汽车设计美学的成功案例，如图6-58～图6-61所示。

图6-58　同样的品牌、价位、技术，销量的差别确是天上地下，唯因设计不同

图6-59　紧凑的比例，充满稚气而又精灵古怪，多才多艺，魔术般的百变小金刚，可爱得让你无法自拔

图6-60　刚劲有力的钻石切割，极致简约的线条与型面，无不演绎出强烈的视觉冲击力

第六章 设计美学与油泥模型

图 6-61 圆润不失阳刚，柔顺不失力量的阿斯顿·马丁

第七章　雕塑与油泥模型

——"艺术之始，雕塑为先。盖在先民穴居野处之时，必先凿石为器，以谋生存，其后既有居室，乃作绘事，故雕塑之术，实始于石器时代，艺术之最古者。"（梁思成）

如图 7-1、图 7-2 所示，一座雕塑的诞生要经历多道工艺，从荒蛮之石到米开朗基罗的《摩西》手臂上的青筋脉动，从一堆烂泥到罗丹《思想者》中自然下垂的充血手指，皆已证实创作到实现的艰辛，只有亲力亲为才知这背后的艰辛，这是血汗的凝就。油泥模型从设计师的最初概念到三维的立体呈现，从梦想到现实的转变中，也是历经各道工序，反复尝试不断更改，最后在光鲜靓丽的新车发布仪式背后，饱含着模型师这个幕后无名英雄无数辛劳的付出。

图 7-1　米开朗基罗的《摩西》　　　　　图 7-2　罗丹的《思想者》

汽车作为人类重要的发明之一，生来就和艺术有不解之缘。汽车作为"移动着的雕塑"，除了具备实用功能之外，也承载着一定的精神内涵。雕塑与油泥模型在艺术语言与工艺手法方面有足够的共通性，都是通过各种工具创造出真实的三维体，都是用点、线、面的造型语言在三维上通过不同的穿插布局，营造出各具特色的形态、形体与空间关系，并透过这些外在形式，表达创作者的内心世界与精神诉求。雕塑与油泥模型从视觉和空间上讲，两者都是一个个二维图像在空

第七章　雕塑与油泥模型

间上的不同排列组合，都是建立在不同平面和曲面上的立体造型艺术，都是在静止的物体中创造出强大的生命力和无限的生机，这些正是油泥模型与雕塑的共同魅力所在，由于油泥模型与雕塑有着如此诸多的共通性，终令它得以成为实现汽车造型最适合的创作载体。

雕塑是立体造型的艺术，是体量和空间的艺术，雕为减法，塑为加法。油泥模型为"工业雕塑"，其与雕塑一样，也需进行"雕"和"塑"。雕塑更多的是从精神理念出发，具备观念、艺术、社会学方面的作用与意义；油泥模型更多的是创意的表达呈现，是为产品设计服务，为客户的舒适使用和心灵及视觉上的愉悦服务。雕塑作为艺术的一个门类，更偏重于表达雕塑家内心的一种观念，一种对物质世界和精神世界的反馈，直白一点地说："雕塑作为艺术是 For me，而模型作为设计是 For you；雕塑家是自由的创作者，模型师是带着枷锁的创作人。"

雕塑造型可以有它的随意性、自由性，不过这份随意在严格上的定义应该是"讲究中的随意"。而油泥模型是以人、机、工程为中心，有着严格的法规控制，必须在众多条件的约束中，运用艺术手段创造出形态的美，这可以理解为"讲究中的讲究"。设计师提供给模型师效果图或者简单的几条线，模型师用自己娴熟的技巧和长期形成的造型能力以及自身的审美水准，用三维的实体形式再现升华二维的概念创意和设计意图，实现从无到有的转化，从这个角度讲，油泥模型既是一门技术，也是一门艺术，如图 7-3 所示。

图 7-3　别克未来Ⅱ全尺寸模型初期阶段

汽车油泥模型设计与制作

第一节 点、线、面、体

——汽车造型设计犹如作诗一样需要抑扬顿挫和韵律感，秉承这个原则方能用好点、线、面、体

汽车油泥模型是由车顶、窗、灯、门等各个部位所组成的，这些部位具有不同的形态、大小和质感，而其形态及其大小可抽象为点、线、面、体。造型依赖着轮廓线构成形体，有形即有面，有面就可以组合成体，体的不同组合则产生了空间与张力，它们相互影响，互为因果，不可分割，如图7-4就是点、线、面、体应用的成功案例。我们还可以用一张纸来说明这个道理，当一张纸展开的时候纸具有"面"的特征，当我们把纸折叠成若干个"面"，这时候纸还是呈现"面"的特性，并没有"体"的特征，当我们把这些"面"完全扣合在一起，"体"的特征就呈现出来了。当我们看到一个带盖的盒子，盒子呈现出"体"的特征，当我们把盒子的盖

图7-4 点、线、面、体在建筑上的应用

拿下来，"体"的特征就消失了，呈现在我们眼前的是盒子"面"的特征。

"体"是面的围合，体就像一个六面围合的立方体，要求每个面围合不能有缝隙，当我们看到面的厚度，"体"的特征就立即消失。因此可以得出结论，"点"是"面"的基础，"面"是构成体的前提，只有多个面完全围合，才能构成"体"。如图7-5所示，这是典型的点、线、面、体合在一起的汽车构成艺术。汽车油泥模型正是由这样各种围合在一起的面构成"体"，然后由各个"小体"组合成一个"大体"，呈现出富有美感的生动造型，并产生视觉冲击力和艺术效果。所以，谈论模型的雕塑语言，必须得从基础的点、线、面、体等要素一一说起。

图7-5 点、线、面、体在汽车造型上的应用

第七章　雕塑与油泥模型

一、点

点是一切形态的基础,在几何学的定义里,点是只有位置而没有大小和形状的,而在造型领域中,无论多么细小,只要能看得见,它就存在大小和形状。点可以是一个几何形,也可以是一个自然形,它的直径可以是一毫米,也可以是一米。不同形状的点给人的感觉各有不同,点也会因为周边环境的改变而发生动态的变化,例如:汽车侧转向灯离近处看可以是个面,但放到整车视觉范围里,就是点了。远处的树木,海上的孤舟,天空的星星,无不体现点的特性,哪怕是一辆车,放到大街上,它也只是一个点。如图7-6的前照灯、雾灯、侧转向灯、门把手,在整个车身造型语言中就是充当着点的功能,而图7-7的尾灯和牌照板均是以点的方式起到充实尾部空间的作用。

图7-6　多点应用图

图7-7　尾灯的点元素

点可以看作是力的中心,当画面中只有一个点时,人们的视线就集中在这个点上,它具有紧张性。因此,点在画面空间中,具有张力作用,因为它这个特性,设计上便可发挥其占据空间的效能,充实画面或突出目标。比如:在设计尾门时将牌照板放在较宽阔的空间中,不仅发挥其填补空白大面与空间的作用,而且还会更加突出标牌的形象。当空间中有两个以上的点时,各点之间由于张力作用在心理上产生吸引和连接的效果,这也算是一种视觉呼应,如图7-8中的"北斗七星"。

图7-8　北斗七星作为天空上的点

图7-9　点的大小对比

视错觉在点的应用上也会经常出现,同样的两个点,在周围环境发生变化时,也会产生不同的视觉大小差异,如图7-9中,实际上两个中心圆是一样的大小。点的合理构图与排列除了能带来美感,同时还能给画面起到平衡稳定的作用,如

图 7-10 所示。

图 7-10　点的等腰三角形排列方式，让车尾显得稳定均衡

点在相对关系中扮演着两种角色——点和体，这种关系都是相对的，是会随着周围环境的变化而相互转换的，一个"小点"与一个"大点"放在一起时，"小点"成为点，"大点"就成为体，当"大点"与一个更大的物体或环境在一起时，"大点"同样也会成为点，就好比地球、太阳足够大，但它们在更广域的银河系中，在宇宙中，它们就只是一个点而已，所以不同形态的对象只要缩小到一定程度都能形成不同形态的点。立体的作品需要一定的体量，让消费者感知，所以在汽车上较小的球体成了一个点，而当我们走近这个点时，随着球体体量的增加，点的因素逐渐消失，点则变成了体。就点本身的造型而言，点具有多种形态，点的概念是由点和其他物体的相对关系来确定的。点的不同形态、不同排列会产生不同的视觉效果，如图 7-11 中，Corvette 克尔维特的点（尾灯和排气管）由于数量和构图的不同，再加上镀铬的金属质感，产生了强烈的视觉冲击力。点的有序排列会产生规矩与统一感，不规则排列会使点和整个造型更彰显个性。如图 7-12 中，点的排列体现着规矩感，但貌似有点过多之嫌，给人眩晕之感。

图 7-11　尾灯与排气管作为点的有序排列　　　图 7-12　旋钮开关作为点在内饰中的应用

对于点的概念与应用，模型师需要心中有数，以便在面对效果图和油泥模型时，能更好地布局设计这些点的排列与组合，点过大则画面拥挤，点过小则空，点过上则密，点过下则疏，这些都是设计师与模型师在日常工作中，需要仔细体会琢磨的。

二、线

线在空间几何中是点移动的轨迹，是面的构架基础，是一切面的边缘以及面与面的交接。线具有一定的长度、宽度及位置关系，线具有极强的表现力，在几乎所有造型艺术中都具有重要的作用，汽车造型更不例外，特别在东方绘画中，线是最主要的艺术元素，几乎所有画面都是由线构成，古代中国画论中就把线总结为"十八描"，另外像建筑、雕塑等造型艺术中，到处都有线条艺术的存在，如图7-13、图7-14所示。

图7-13　斜拉索线条通过密集排列给桥梁增加了美感

图7-14　平行线构图让雕塑在动势中获得了稳定平衡

在汽车造型中，线的魅力在于它以线传情，线是油泥模型上的统帅和指挥，单纯的线条能够直接反映曲面的张力和汽车的形象气质。线分为水平线、曲线、垂直线、斜线、长线、短线等。不同的线具有不同的性格特征，比如动感的、安静的、速度的、力量的、紧张的、犀利的、简洁的、矛盾的、平稳的、舒缓的、流畅的等。通过这些不同性格的线条组合，进而产生不同气质、不同精神内涵的车型。但个人认为，在汽车造型上，线的感觉不能太强、太抢，不能太突出线性，否则容易让汽车显得轻佻、妖柔、不够大气沉稳，像这几年的韩国车，就有过度强调突出线条的嫌疑，使车飘浮，显得不够高档沉稳。车身造型上的线应该与面交融在一起，依附于面和体，好的线条应该就像从面里自然生长出来的那样有机，如图7-15所示。有机的线条会给人感觉其充分地融入车体造型上，与型面交织在一起，是自然而然生长出的一条线，而不是刻意人工加上去的，它不轻浮，有雕塑感，甚至让人感觉不到线性的存在，如图7-16所示。

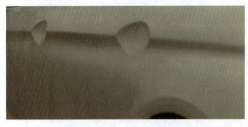
图7-15　线与面融为一体

图7-16　有机的线条与型面

线可以表现动与静、轻与重等感觉，可以表现各种不同的性质与特点，也可以表现不同感情和特色。在视觉上线有很强的张力，有丰富的表现语言，有很强的心理暗示与引导作用，像汽车的速度感、俯冲感、平稳感都可以从线条中表现出来，这种心理效果的产生，不是凭空想象出来的，它还与人们视觉经验中所形成的习惯和个人的修养分不开，以下就是一些线的具体性格特征。

（1）直线表示静，曲线表示动。

长线——连续性、延续性、稳定性。

短线——停顿性、刺激性、速度性、运动性。

竖直线——具有上升、下降、挺拔、崇高的感觉，赋予生命力、力度感、伸展感。

水平线——具有开阔、延伸、安定、平和、平静、稳定的感觉。

斜线——具有运动感、速度、不安、动向、特定方向的感觉。

自由曲线——具有浪漫、韵律、自由、潇洒、自如、随意、优美、运动、弹力的感觉。

（2）细线表示精致、挺拔、锐利，粗线表示壮实、敦厚。

这里要特别提一下曲线，图7-17所示，看到"曲线"一词，很多读者不禁要问，曲线之美是不是否定了直线之美呢？凯迪拉克早前的许多车型、劳斯莱斯的设计理念不都是直线美学么？其实汽车是一个三维立体的雕塑，车身上任何一根线在三维空间中，基本不会有绝对的直线存在，从某些角度看它一定是"曲线"，即使肉眼看起来很直的一条线，它也只是在某种特定角度下的结果，也只是因为它相对于其他曲线来说较直而已，空间上绝对的直线在汽车上几乎是找不到的，有的线在平视角度它确实是一条直线，但俯视角度它又是一条十足的曲线。曲线本身确实是动感飘逸、流动、轻盈、弹力、自由、优雅的代名词，所以在车身造型上，曲线得到了最为广泛的应用，如图7-18所示。在汽车造型上，一根曲线不难调，难的在于将成群的曲线组合在一起，形成一件伟大的设计作

图7-17 优雅的轮廓曲线在车身上得到广泛应用

品，如图7-19所示。我们看三维数字模型的时候，如图7-20，就能看到密如蜘蛛网般的曲线组合，而这些线性组合生成的形态与比例，必须恰如其分地达到一个平衡点，这就是汽车的曲线之美，是智慧与汗水的结晶。

曲线是模型设计上应用最多的一种线，曲线是用圆规表现不出来的线，它既富有女性的自由、优雅，又充满雄性的力量与动感。曲线的美主要表现在其自然的伸展，并具有圆润及弹性，它既有流动性又有紧凑感。在模型上要充分发挥其美的特征，犹如钢丝、竹线，具有对抗外来反作用力的感觉。曲线从雕塑上来理解，它虽然是弧度之线，但也应该是有骨点的，是有发力点的，是有张力的。如果是像毛线的曲线那样，不具有弹性和张力，则会显得软弱无力、缺乏韵律，这种曲线是不美的，是模型造型上最为忌讳的，像扔石子、投标枪所刻画出的曲线就是一种自由曲线，是充满力量与优雅的美丽曲线，也是模型师在车身造型中时刻要找寻的。

图7-18 曲线轮廓演绎出优雅圆润与弹力

图7-19 线是造型的基本语言，什么线决定了什么车　　图7-20 数模上无数条优美的曲线组合出形体

在模型的具体制作过程中，要学会判断线条，其中观察的角度非常重要。首先需要与线条平视的角度去观察，其次通过俯视角度观测（俯视角度不但对于线条重要，对于每个形体，对于整个车身造型的判断和解读都极其重要，这也是笔者工作中应用最多最为看重的观察角度），另外前45°视角、后45°视角及其他角度观察也同等重要，条件允许的话，有时候还可以考虑仰视角度以及前文所描述的镜像角度，这些角度往往能带给你全新而又完全不一样的感受，只有多角度的观察，才能在三维空间中准确地解读线条，才能360°地发现线条的美与不足。

凯迪拉克在全新的设计理念中，如图7-21所示，不再像以前只有刚直而没有韧性，而是开始在直线中糅合曲线的水滴之美，它将钻石切割设计语言升华得更富有雕塑感及诗意化了，使车身曲线刚劲有力又不失弹性，力量之中蕴含着柔美，传递给观众更加细腻、舒适、自然的感觉，可以说是将几代"ELDORADO"传奇车型"复刻"并创新。

在别克未来Ⅱ车身上，如图7-22所示，我们能感受到强烈且细腻的"曲线之美"，其优雅高贵又不失高科技感的曲线及其组合，传递给观众一种即使在静止中也能感受到水一般的动感，线条精准且富有生命的张力。哪怕拍片的摄影师，也想到了利用曝光模式等技术手段，通过光电曲线来间接展示这台车的独特气质。如图7-23所示曲线在建筑上的广泛应用。

图7-21 钻石切割少了以前的刚直易脆，多了韧性柔美

图7-22 别克未来Ⅱ的优雅曲线

图7-23 曲线在建筑上的广泛运用

线条凭借活力赋予造型以生命。在设计师草图创作阶段，为了寻求最佳的一条线，往往要画上成百上千的线条，模型师在油泥模型上为了追求一条完美的线，也是百般尝试。为了更好地达成这个目标，平时就有必要刻意地培养自己敏锐的线条感和审美力，需要熟悉每种线条的气质和情感色彩，怎样的线条是所做车型的设计主题，能够做到甄别选择和处理改进。如前文所述，线条长一点还是短一点、直一些还是弯一些，都会影响到一张面、一个形体的感觉，进而再影响到整车效果。不同情绪下呈现的线条也各不相同，每个创作者的生活经历、艺术修养以及思维方式都不尽相同，这些也构成了各具特色的线条，字如其人，画如其人，线条与模型也如其人，不同的模型师做出来的模型总是带有其个人气质。熟悉线条才能控制好双手，有的放矢，在制作模型时才能从容地把控、组织、布局，营造出符合设计主题的优质模型。

三、面

面在几何学中的含义是线移动的轨迹，点和线的聚集形成了面。面是车身上最重要的造型元素，它在造型上起到承上启下的作用。向上，面是体和空间的重要构成元素；向下，面是决定线条的因素，如图7-24所示。面大致可分为平面和曲面；平面在心理上具有简洁、安定、井然有序的感觉，但会产生单调、乏味感，在造型上应用范围很窄；曲面能较充分地展现创意个性，在造型上比较吸引人，是我们经常塑造的一种面。

图7-24　面是车身造型的决定性因素

汽车车身造型简化来看就是一件大雕塑，无论是曾经的装饰艺术风、硬盒子风还是现在的流体雕塑、烈焰曲面亦或是未来的架构片层风，万变不离曲面，即使是在汽车诞生初期那个工艺落后的年代，亦或在悍马等车上，也几乎找不到绝对的平面，都或多或少带有一点正弧或反弧，这点大家可以注意观察，因此车身设计可说是千变万化的曲面艺术。

曲面雕塑说白了，无非就是一个体或一个层的曲面，进行不同主题的变化并运用一定的逻辑将其组合在一起，从而形成统一的形态语言。现在许多国际车企，一款新车的外饰设计会要求设计师们先从雕塑着手，如图7-25所示，在画草图的同时利用油泥、纸、纱布等进行快速雕塑形态曲面创作研究，从必然中寻找一种偶然，以打开思维的局限，创造出新颖独特的车身曲面造型。

图7-25　曲面的艺术

大面积的面，给人以扩张感；小面积的面，给人以向心感。面的形态在视觉上往往给人整体感、重量感等，面的形态较为复杂，可归纳为几何形、自然形、有机形、偶然形、人造型。它们的特性分别如下：

几何形的面，如圆形、菱形等，表现规则、平稳、较为理性的视觉效果。自然形的面，给人以生动、厚实的视觉效果；有机形的面，得出柔和、自然、抽象的面的形态；偶然形的面，是不完全受主观意念制约的自由、活泼而富有哲理性的形态；人造形的面，则显得较为理性和人文特点。

图7-26 房子由无数个"面"组合而成

如果"面"单独使用，我们可以用房子的概念来理解"面"的特性，如图7-26所示，房子由"面"组成，"面"在房子中起着隔断的作用。"面"在语言符号中，同样起着隔断与分割空间的作用，"面"像房子，隔断或围合着空间。如图7-27为车身大侧面的实体图。

图7-27 饱满甚至有点小肉的车身大侧面

面具有多种形式，线所围合形成的面就是其中之一，做模型过程中，不知道大家有没有发觉，线依附于面，是面的边缘和面与面的交接。面和面围合构成体，什么样的面就围合产生出什么样的体和形态，并决定车的最终样貌，没有把面全部围合起来的车给人以单薄之感，如图7-28所示，不会有体的厚重感和体的特征，就是纯粹的一张张面。在一般情况下，面占据着它所面对的空间，面在一些特定角度时，也具有体的特征。另外，多个面在形成体时所带来的方向感是面的重要语言，模型师在塑造面的过程中，心中要有个意识："面是车身形体的一部分，是车体的重要组成元素，它要和前文所说的线条一样，都要像车体自身生长出来的那样，自然有机，每张面既要保持独立性又要兼具整体感，不能给人感觉像是揪出来、扯出来或嫁接过来的，造成唐突之感，需要传递面的生气。"

在车身曲面中，大侧面是非常重要而又最难处理的地方。近几年，"雕塑美学"这个设计方向比较流行，同样的主题、不同的品牌也会有不同的做法。如图7-29所示别克未来Ⅱ，走的就是简约优雅路线，"Less is more"（少就是多）是世界上最著名的设计哲学，简约的东西更能够穿越时间的洗礼，即使是在几十年甚至上百年后的未来，人们依然会觉得这个设计很新。世界上诞生过无数优秀的大侧面,如何运用最简约纯粹的手法创造出丰富多样却与众不同的全新型面,这是一个比做加法更大的难题。在别克未来Ⅱ这台模型上,接近3m的"旋形大侧面"对于模型师来说是一个巨大的挑战,因为面积很大而"曲面扭曲"的度就要做到非常精准。此外,这辆车上基本都是"正形曲面"结合"正形曲面",在把握好每一个曲面"正"的度的同时,面与面之间的过渡衔接非常有难度,这就是为什么就连汽车设计界的英雄人物——班戈先生也给予这辆车很高评价的原因。

图7-28 没有完全围合的面,还不构成体　　图7-29 "少就是多"设计哲学的直观体现

在汽车外形设计上,大多数是几块凸起的"正形曲面"相结合,现在当代汽车也非常流行"正形曲面"与凹陷的"负形曲面"相结合。但是两块或两块以上的"负形曲面"相结合则非常罕有,因为这不仅在视觉上会让车显得很瘦弱,而且处理不好,它还会像利刃一般,但往往很多设计师并没有认识到这些设计的基本准则,因此常常可以看到很多令人咋舌的曲面组合。

接下来我们看几个优秀曲面的例子赏析:如图7-30所示法拉利走的是复杂激进的路线,但是绝对可以称得上是世界上最高水准的设计作品之一,"正形曲面"与凹陷的"负形曲面"相结合的典范,丰富独特的视觉感受,极富未来感的架构主题,曲面的衔接变化流畅且立体,着实带给我们太多的惊喜;如图7-31所示当代设计最著名的宝马"烈焰曲面",即正负曲面流畅地衔接过渡,使得面与面像火焰一样生长燃烧并消失于其中,达到了一种有机亦无机的视觉效果,演绎出全新的设计哲学;如图7-32所示凯迪拉克经典的钻石切割设计曲面,其犹如纸张一般旋转扭动充满张力,同时将硬盒子风格推陈出新,彰显其豪迈霸气的独特个性;如图7-33所示克尔维特的经典跑车造型,整个车身带给人风驰电掣的感觉,它的曲面还带有方向性和高科技感的片层风,给人以力的强烈暗示,让人不由自主地感受到发动机的咆哮轰鸣。

图7-30 法拉利丰富独特极具张力的型面组合　　图7-31 BMW的烈焰曲面

图 7-32 凯迪拉克的钻石切割设计曲面

图 7-33 面还具有方向性

四、体

在雕塑中，体是一个大的宏观概念，它主要涵盖"形态、形体、体量"三个主要部分，接下来我们就从这三个部分来剖析"体"这个整体的宏观概念。

形态是指事物的形状，是由形体的轮廓与形体变化产生出来的，雕塑中形的表面形态决定它的一切，表面即本质。自然界中的形态多种多样，但在造型艺术中我们按其属性归纳出自然形态和人工形态。

自然形态是指在自然法则下形成的各种可视、可触摸的形态，如图7-34所示。它分为有机形态和无机形态：有机形态是指可以再生的、具有生长机能的形态，它给人以运动、生命、生动的感觉，如花卉、蔬果、动物；无机形态是指相对静止、不具备生长机能的形态，如日、月、山、河等。

我们在研究汽车造型时，经常会用到"有机"这个词，其意思是说这个车身形态可以让人感受到生长的力量，让人情不自禁地联想到运动与生命，有机形态的设计灵感更多地运用在运动、年轻、创新、流线、时尚、力量特性的车型上，这是典型的自然有机形态赐予我们的设计感觉。无机形态更多地带给人宁静、从容、传统、保守、低调等感觉，比较多地应用在商务车、老板车等车型上，当然设计中这种应用并不是绝对地一分为二，时常会有机中掺杂着无机，无机中掺杂着有机。

人工形态是指人类有意识地组合或构成所产生的形态，如汽车、轮船、家具、雕塑、书法等。如图7-35、图7-36所示，其中也包括一些人类无意中创造出来的偶然形态，比如摔破墨水瓶后溅开的墨水形状、撕破的纸张边缘等不规律性、变幻莫测的形态。如图7-37所示既有自然形态，又有人工形态的汽车设计。

图 7-34 自然形态的山峰

图 7-35 人工形态的汽车

第七章　雕塑与油泥模型

图 7-36　人工形态的建筑

图 7-37　这是自然形态还是人工形态？有点雌雄莫辨

任何形态都有力的暗示，或松弛、或紧张，像西方建筑纵向力的突出，而东方建筑水平方向力的突出。随着科技的迅猛发展，我们可以看到遥远的天体、细胞的分子结构，这些图像无不让我们叹服大自然的鬼斧神工，这些都能带给我们无穷的创造力和想象力，如图 7-38 所示。连燃烧物体发出的烟，也让人浮想出特别有意思的形态，自然界给予我们太多的宝藏，让我们可以从各种元素中衍生出一系列众多的设计灵感，这些形态就像核能里面的原子裂变一样，都是设计人员的巨大宝藏，犹如老子所说："一生二，二生三，三生万物。"模型师作为美的修行者，自然也责无旁贷地需要从中汲取营养，如图 7-39 所示人工形态的油泥模型。

图 7-38　可遇而不可想的形态之美

图 7-39　人工形态的油泥模型

在模型上，形态更多地可以理解为模型的外轮廓，这是未来消费者第一时间就能感受到的东西，因为它足够直观与明显，长得丑还是美，动人还是平庸，一看便知，模型师在这个环节必须投入足够的精力进行推敲优化。日后消费者在考虑车型时，影响消费者的判断，对他视觉冲击排在第一位的就是车的样貌，就是我们这里所说的形态，而这个形态的构建与完成，最重要的时间段就是模型师所工作的油泥模型期间，就是在油泥模型上面，这是体现模型师价值的最好机会，同时也意味着巨大的责任与莫大的荣耀！

形体是形状（形态）加体积，是雕塑艺术表现语言的主体，是能看得见、摸得着的体块。形体占有实体空间，它是雕塑的肌肉，是雕塑思想内容的外在表现，雕塑通过形体反应作品的主题内涵，透过形体给观者带去体量感和视觉张力，进而展现出作品的精神力量,这种力量超越雕塑本身,给人以心灵上的撞击与共鸣。设计也一样,需要借助形体的表达,展现出造型的视觉魅力,牢牢地抓住消费者的心,设计经常需要从基本原形探索,从自然生态领域找寻力量,从各种细节处展开研究。

建筑是最大型的雕塑,是最能从中感受到形体力量的三维体,如图7-40、图7-41所示。多看优秀的建筑设计,了解建筑美学,对于设计素养的积累和造型问题的处理,都会大受裨益。很多模型师做了多年的模型,却并没有真正地理解"形",缺乏对"形"真正的认知,他们可以通过手眼的熟练,对着图或者听着设计师的意思,一点一点描摹出模型的样貌,但这样的模型是缺乏生命力的,模型师最可怕的是做了一辈子模型,却并没有真正设计过一台模型。

图7-40　形体表达的典范——泰姬陵　　　图7-41　形体表达的典范——帆船酒店

如果没有对"形"的形而上的概念性领悟,模型师在模型制作过程中必然仅限于临摹而缺乏创造,不能从"形"与"体"的角度去看待图上的各个线面关系,也就不能更多地帮助设计师完成设计。设计师平时可以做到抽象概念性地想象某种创意,但很难理清这种创意所面临的三维实现的困难,这就需要"模型雕塑师"的及时帮助,如果模型师的形体能力只限于临摹,那就缺失了升华创意完善设计解决问题的能力,就相当于设计师缺少了一只真正需要的"手"。

模型师通过模型实现创意,模型师作为专业人士,对形体必须具备强烈的敏感度,如图7-42、图7-43所示,那怎么培养这种能力呢?首先是观察方式,一般人看物体时,习惯于看外在轮廓,能看到一些外形的起伏,但看不到形体,如

图 7-44 所示。模型师在观察物体时，应该将轮廓形状与体积结合起来，三维而有深度地看，如图 7-45 所示，直到在脑海中确实感受到这些形体的存在，就像形体就在自己手中一样，这其中的关键是领悟形体纵深度的意义，纵深度是构成形体的关键，在现实生活中，形体的纵深度本来就是客观存在的，但人们习惯于"二维"观察，这就是专业中常说的"形盲"。

图 7-42 是鞋还是狗

图 7-43 这个门板造型借鉴了游艇的形态

图 7-44 仅仅看到外形的起伏

图 7-45 轮廓形状与体积相结合

人群中形盲要比色盲多得多，雕塑的入门便是过形盲这一关。形盲在观察二维空间时，只能辨认二维形状，而不会判断距离和深度。生活中多观察自然界各种形体和雕塑作品，如图 7-46、图 7-47 所示，设计师从这些可爱的动物形体上提炼再加工，得到了如此优美的形。看物体从只看形状，到关注形体的态势，激发自己对形态的联想，领悟形态的意蕴和视觉冲击力，看到由线组成的各种面，由各种面组成的各种体，也就是具有三维空间的体积，这时我们就抓住了形的本质和观察方法。

图 7-46 车与豹不怒自威，如出一辙

图 7-47 鹰眼与车灯

在表现手法上，需要较强的概括性和整体性，要做到这点，就要从大处着眼，善于归纳和概括形体。西安美院邢永川教授在雕塑教学时曾经说过："大、大、大，你就是大师！"他指的也就是这个道理，只有从大方面、从整体上去把握住形体，雕塑才会显得浑厚、凝重、富有表现力，油泥模型的造型同样如此。

大多数物种生命的开始，都是从一个蛋的孵化开始，一个完整的形就像蛋一样，如图7-48所示，一个蛋的形态正是生命力由内向外膨胀、与外界压力达到稳定平衡的结果。例如挂在树叶上的水滴，它的形态虽然浑圆、椭圆大小各异，但那种喷薄欲出，将破未破的形的感染力，让人立刻感受到大自然的美，如图7-49所示。这样的形都是体量鲜明，向周围时刻散发着动势的生命力，模型师如果经常关注这些大自然的恩赐，感受大自然的美，相信定能对自己形感的培养大有收获，所谓近朱者赤，用在这里也是一样的道理，近自然自有形！

图7-48 形体的圆润可爱与生命力

图7-49 自然形体带给人无穷的灵感

形感存在于一切造型艺术活动中，是对形的敏感程度。在做模型时，要注意对形的把控能力，培养形感的一个重要方面就是对基本形的认识和掌握。为什么学画的初始都是从画几何体石膏开始，因为几何形体有明显的体面关系，用几何形体的概念去分解归纳或概括复杂的形体是一个很有效的方式，从中可以体悟到先方后圆、方中有圆、圆中透方等美学法则。作品"形感"的强与弱、多与少，直接决定了雕塑作品的艺术感染力。古今中外具有强大生命力、艺术感染力的伟大雕塑作品都蕴含着强劲的"形感"。油泥模型最后呈现的是实车，实实在在三维立体的车，最后模型形感的强弱，将直接决定这台车未来的市场行情与艺术价值，而这形感的程度就取决于诸位模型师的大脑与双手，这方面是设计师也替代不了的，所以培养形感是模型师必需的职业修为之一，是必修之课。

体量是指物体的体积和质量。在视觉效果中，形体所占的空间大小与材质轻重，就是体量。体量是伴随着占有实体空间的形体而存在的，体量的大小适宜、饱满有度是雕塑与模型的视觉冲击力产生的前提。体量一般给人以强烈的视觉冲击力，但同时它的尺度也会使人感到不安，体量过小则表达力度不够，这就要求创作者在设计中要把握一个平衡点。

体量在油泥模型上可以体现为一种构图，我们把模型按结构分成几个体块的话，就有局部体量与整车体量之分。比如车身侧面的体量在整车体量中所占的比例、前后轮包的体量在整个侧面的体量中所占之比、车头在整车体量中所占的比例、发动机舱盖与保险杆之间的体量比例关系等都是局部观察。如果从整体来看，整车的体量是否饱满有致让人视觉舒适与感到不安、是否表现力度合适到位，符合设计主题方向、与竞争对手车型的体量对比是否具有明显的优势，这些都是模型师在模型上需要不断探索和思考的。

体量还直接影响着空间，一个体块的体量占有着与它体量相一致的空间，这个体量空间与其他体量空间是否和谐？过大则挤压其他体块的空间，过小则被其他体块空间所挤压，这些要素都对应了中国最哲学的一个字——"度"，合适的"度"就是恰到好处的设计，无论何种事情、何种设计手法都要一个合适的"度"，过犹不及，这个"度"的掌握需要在项目过程中不断地总结积累，在生活中不断地琢磨与学习，如图7-50、图7-51所示。

图7-50 体量感十足的鱼

图7-51 鱼的体量被移植到汽车造型上

体量在表现形式上还分为两个方面，即物理体量和心理体量。

物理体量是指形态的大小、多少、轻重等，是可以测量和把握的，物理体量是实实在在的物体的质量感和空间感，它与物体的体积和组成物体的材质有很大关系，物理体量会随物体的变化而变化，也会随物体的消失而消失。

心理体量是人的心理对物理体量产生的感受，也可理解为"量感"，它取决于心理判断的结果，是可以感受而无法测量的量，它受物体的存在环境和人的生活感悟影响很大，相同的物理体量在不同的人看来，会具有不同的心理感受，如图7-52、图7-53所示。

所以在有些体量的处理上，经常会用到心理体量的手法，有些体块的物理体量确实很大，但如果通过一些巧妙的处理手法，则会让人的视觉与心理减轻这种体量感，从而达到与周围形体的和谐。具体到模型来说，比如在正型之中做个反弧的负型特征，比如在暖色系中加入一些冷色系等。总体来说，在油泥模型上，影响人对于型面体量的判断主要有如下几方面：一是正形与负形的对比关系；二是每个体块之间的比例关系；三是材质和色彩之间的相互关系。模型师在营造车身造型时，就可以从这几个维度去推敲审度。

图 7-52　体量饱满的形体容易让人有亲近感

图 7-53　体量舒适与空间舒适度往往成正比

第二节　空间与张力

——三维体的生命在于空间与张力

之所以选取"空间"与"张力"这两个雕塑语言在这里论述，是因为"空间"与"张力"是笔者认为在雕塑与油泥模型的造型语义中，最重要、最需要了解的两个知识点。雕塑与油泥模型从某个角度来说，都可以简单地概括为"空间的艺术"。造型与其他艺术一样，是否具有生命力的关键，就在于"张力"的有无及程度的强弱。空间和张力的产生以及强弱程度，又是由其他的造型语言所催生而出，每个造型语言都是环环相扣、相互影响的，只不过三维造型层面最终体现在空间与张力上。

一、空间

空间由长度、宽度、高度表现出来，是物体存在的一种客观形式，是由于纵深的展开而存在。谈空间不能脱离形体，形体和空间是一个统一体，形体依存于空间之中，空间要借助于形体来表达，因此在模型的处理上，绝不仅仅是处理形体与形体之间的关系，更重要的是处理形体与所处空间的关系，通过处理好它们的凸凹、正负和虚实关系，来创造富有变化的空间形式。

雕塑空间包含实体空间和虚拟空间。实体空间又称为物理空间，是指实体可以测量的空间，它依靠物质形态的长度、宽度和深度来表达，并与物质形态一样客观实在。虚拟空间称为心理空间，是指没有明确边界却可以感受到的空间，也可以称之为"空间感"，其实质是实体向周围力的扩张，这种空间感主要来自形体本身带给人的心理感觉，通过形体表面散发，形成空间的张力，这种张力是无形的，是人知觉的反应，只有具备了把整个雕塑体块看成是一个连续的整体，才标志着一个人真正具有了掌握三维空间的能力，空间认识能力决定了雕塑家的命运也决定了模型师能达到的层次，汽车油泥模型因为工业设计题材限定的原因，注定了它更多的是通过高光面与阴影面、高点面与低点面的对比与组合，营造出实体与虚拟的正负空间来传递表达品牌精神；而艺术作品则高度自由。

图 7-54 是艺术家 Bruno Catalano 以旅行者为灵感，在法国巴黎街头创作的雕塑作品，他的身体有一部分被抹去，就像是从时光隧道突然出现一般，给游客

留下更多的想象空间。图 7-55 中的太极图则是正形与负形、阴与阳的空间对应，右边的剪影则是实空间与虚空间的对比。

图 7-54　想象空间和虚无之间

图 7-55　正负空间虚实之间

在油泥模型上谈实体空间，先得谈一谈"高低点"，"高低点"概念是实体空间中的核心元素。所谓"高点"是相对"低点"而言，没有对比就没有高低，比如圆柱体有低点吗？没有，都是高点。高点是模型中凸出的点，低点是模型相对低凹之处。而高点和低点往往不是单独存在的，它们会形成"高点区域"和"低点区域"。高点区域给人膨胀、扩张、浑厚而有力量的感觉；"低点区域"是那些处于阴影部、形体中凹下去的地带，它给人收缩、虚无和神秘的感觉。这两种关系是相互对比、衬托的，好比绘画的虚实关系。"高点区域"和"低点区域"也并不是一成不变的，它们会相互转换，这种转换也正是模型与雕塑作品"生命力"的体现。

实体空间说白了就是由高点和低点的落差形成的，在任何一个三维体上都有高点与低点之分，如果没有，那就是一张平面。做模型时，最忌讳从平面着想，需要从高凸点、高凸面着想，就如图 7-56 所示，红色箭头是模型各个部位的高点，黄色箭头是各部位的低点，它们的落差组合，成就了模型各部位的空间，也构成了它们的正负关系，模型的宏观整体有高低点、有空间，每个结构部位也各有高低点和空间，当你脑海中有意识地、主动性地关注高低点空间关系的时候，做出的模型就不会流于平面，不会平淡如白开水。对于平面的观念，我们要想象它如一个圆柱体，它是折向后面去的，把形体想象成冲向你的眼前，就像生命之泉，是由心中涌动，自内而外开放的。

中国民间雕塑艺人有总结："做东西要像鲤鱼背一样，以脊背为最高处，其他部分都斜溜而下，存不住一点水。"这也是讲立体观察和形体塑造的高点方法，这种认识决定着是否能进入"模型雕塑师"的门槛，如图 7-57 所示。"鲤鱼背"理论可以理解为空间上的层次与秩序关系，简单点说就是被雕塑的物体应该如鲤鱼背那样有高点、次高点、低点、最低点，从而构建出空间秩序，模型上的体与型面如果没有这种"鲤鱼背"的空间层次关系，那造型上就容易走向平淡，缺乏分量，不能吸引人。所以在别克未来Ⅱ小比例模型制作过程中，对于Y0线的处理上，笔者始终谨记"鲤鱼背"理论，如图7-58所示。

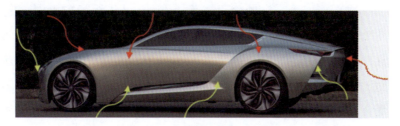

图7-56　油泥模型上的高点与低点

图7-57　"鲤鱼背"理论

图7-58　鲤鱼背的雕塑观察理念

在观察方法上有高点低点观察法、轮廓线观察法等，它们都是由点及线及面不断接近体、视角不断扩展的过程，观察时需要退得更远，更广域地全"体"观察，把握体在空间的伸展、趋势和变化。模型师要做到无论多大的模型，都似乎能把它掌握在自己的手掌心中，去看清它的每一个方面，把握它的形及趋势，看正面做侧面，看侧面做正面，在想象中进入形体的内部。

空间有前后位置关系，最前是哪？最后是哪？最硬点又是哪？这些就是雕塑造型中的高点、低点、骨点概念，这些概念也是做模型之前，模型师就需要了解和明确的。画素描或者做人体雕塑的时候，大家都知道骨点概念，比如人头中的颧骨、上下额头等，作品只有很好地表现出了相应的骨点，画面才会结构清晰、有精气神，才不会模糊软趴趴。骨点同时也是空间的重要组成元素，头像中鼻子、头顶、后脑勺是几个最高点，接下来的额头、颧骨、下颚是次高点，这些点既是高点又是骨点，如果造型时抓准了这些点，头像的轮廓就基本构建好了，然后再逐渐缩小范围，依次而为，就会非常快捷高效。这个理念应用到模型造型中，就如图7-58所示，在车身Y0中，三处箭头所指部位既是整个Y0的三处骨点，也是高点或者局部高点，正因为图中这三个点的清晰表达，得体处理，让这台阿斯顿·马丁显得彪悍无比，力量感十足。

高低点在油泥模型的具体制作中，可以理解为先确定模型 Z 方向的最高点和最低点、Y 方向的最外点、X 方向的前后两个点，然后渐次下来就是每个单独体和每张面甚至每条线的高点和低点，由整体而局部再整体，这些一来，整个模型的空间架构关系就全出来了。比如做 Bodyside（车身大侧面）的时候，需要先确定最 OUT（外）点和最 IN（内）点，这两个点决定了 Bodyside（车身大侧面）的空间关系，然后再细分几个高点区域和低点区域，通过高低点构建出形体并表现出形体的空间感，车身上其他区域也是这个道理。高点不容易做，低点有时比高点还难做，就像模型上反弧面比凸起面难做一样。如果高点没有表现出张力，低点没有表现出它该有的大小、变化，那么空间的位置就会显得空洞且没有内容，必定像纸片，这是需要造型师思考的东西。

正负空间：在汽车油泥模型上，正负空间更多地可以理解为正形与负形，正 R 与反 R 所形成的空间对比关系，正负空间关系犹如人的身材一样，需要凹凸有致，才彰显美感，一台车如果缺少正负形的穿插对比，会让车身造型流于平面，就像白开水一样缺少内容。建筑中也经常会运用到正负空间的艺术处理，如图 7-59，雕塑创作中更加比比皆是。正负空间是造型中韵律与节奏产生的重要艺术手法，在汽车造型方面，法拉利、宝马等车身上可以得到最直观的应用体现，最近十几年宝马之所以锋芒毕露大获成功，与它雕塑感的造型被大胆运用有直接关系，雕塑感的造型拒绝平面化，追求的是凹凸有致的美感，正负空间正是体现雕塑语意的关键要素。

图 7-59　阴阳空间、内外空间

虚实空间：在油泥模型上，可以理解为受光面与阴影面、高管面与背光面形成的对比空间，也可以理解为车身上的黑、白、灰三者关系及其形成的层次感和空间感。阳为实、阴为虚，光为实、影为虚，就如同素描与色彩绘画一个道理，我们画物体时，需要从黑白灰三个角度出发，也即是虚实出发构建空间，黑是阴影面，白是亮面和高光，灰是中间色调与过渡层次。在画面中，无论是单个物体还是整幅画面，都需要处理好这三者的关系，才能营造出和谐的美与舒适的虚实空间感，黑白灰原理是任何造型艺术与绘画艺术的基础，汽车造型更不例外，如图 7-56、图 7-58 中，通过光的折射，我们可以很明显地感受到黑白灰三个层次，只有这三个关系的强弱对比、面积对比、形状

第七章 雕塑与油泥模型

对比都取得一个最佳值时，视觉上才会有空间感，才会有美感。车身上这种黑白灰三者的虚实关系无处不在，Bodyside 最为明显，发动机舱盖、保险杠、行李舱、转角面等处都有体现。

任何形而下的具体技术都需要形而上的思想指导，很多模型师在做高光面时只是在做高光面，在做阴影面时，只是在做阴影面，其实这些都只是手段，都是我们为了赢取一个最佳的虚实空间，都是为整台车的造型之美服务，因此模型师需要从全局出发，从整体考量它们的面积大小、纵深强弱。在处理手法与思考上，还要联系前文所述中的形式构成美学，其中均衡、对比、调和、主从、过渡、呼应都会在这里得到应用和体现，因为设计是环环相扣、是相通互有联系的。

想象空间：艺术作品由于题材和创作形式的高度自由，可以方便地赋予作品更多的精神诉求，可以更好地传递一种虚拟想象空间，就像绘画中的省略和留白就是典型的虚拟空间，而雕塑的虚拟空间则是真正的空。

如图 7-60 所示作品的背景是 1944 年至 1945 年间，匈牙利约有 60 万犹太人被杀害，雕塑家鲍乌埃尔·久洛按照死难者的遗物浇注制作了 60 双不同的铁鞋，固定放置于当年发生屠杀的地点之一。链子桥和马格丽特桥之间的多瑙河堤岸的附近地面上还有三块铁铸标牌，上面分别用英语、匈牙利和希伯来语写着："纪念 1944 年至 1945 年间被箭十字武装分子屠杀并抛入多瑙河的死难者"，这件艺术作品虽然仅仅只有几十双鞋，但却是极为震撼人心的。

图7-60 《铁鞋》

而汽车油泥模型在想象空间的表达上就要远弱于艺术品与自由雕塑，因为工业设计题材和商业限定的原因，注定了它更多的是通过高光面与阴影面、高点面与低点面、正形与负形的对比与组合，营造出实体与虚拟的正负空间，它想象空间的诉求更多的来源于点、线、面、体的造型本身，来源于品牌精神传递给人的想象空间。

对于雕塑而言，体量是真实的，而空间却是抽象的。人们对于抽象的事物很难存在于意识中。我们一直以来都不在雕塑的意识里，而是直奔体量而去，完全忽视空间概念的存在。模型师在工作和业余时应自觉地培养空间意识，平时看形体，需要有意识地抛开形体本身，经常从高低点的空间关系去观察，培养一个良好的造型观察习惯，毕竟具有雕塑感的汽车，应该是可以让人从四面八方去欣赏的，而不仅仅说看到某一个角度就觉得够了。

著名雕塑家山口野曾说："能让空间富有生命和秩序的雕塑家赋予了雕塑的意义。雕塑家与画家一样，永远不要与所谓的'纯艺术'和所谓'深刻的艺术'关联太深，而应该是天天去吸取关于形和物的营养，关注那些有意思的工业与商业设计，如果能认识到雕塑主要是关于事物的体积、团块和空间，我们就真正地认识到它的魅力所在了。"

空间理论中还有一个矛盾空间，就是利用人的视错原理，改变自然的空间，创造出看似合理，实质上充满了矛盾性的视觉空间，更新了视觉刺激模式。往往一个看似合理的图形，当我们的视线延伸时，即会感到它的矛盾性，设计者就是利用这种在视觉上的错位现象，创造出怪诞的、矛盾的图形，如图7-61所示。在做油泥模型时，尤其要注意正负空间和矛盾空间。

图7-61 有意思的矛盾空间

二、张力

张力的英文名称为"Tension"，与"Extension（伸展、扩大）"和"Intention（意图、目的）"有关，即所使用的语言与外在事物所形成的紧张感。张力就是"不动之动"，绘画和雕塑中我们所见到的"运动"与舞蹈和电影等其他艺术形态中所见到的运动不同：绘画和雕塑中既看不到由物理力驱动的动作，也看不到这些物理动作造成的幻觉。那么是怎么看到运动和张力的呢，也就是说我们怎么在这些静止的艺术品中看到运动张力的"倾向性"呢？

认知张力，我们先从生活入手。人为什么可以分辨草莓的成熟度？其主要依靠是根据草莓外表面色泽的感觉经验来判断，草莓的细胞组织压迫表面，通过表面的纹理和光泽表现出变化，预示它到了最好吃的时候。外在的变化显示的是内部的力量，当这种内在力量达到顶点的时候，草莓外表面就会通过色泽、肌理、纹路等形式呈现出来，这就是张力，也就是物理上的作用力与反作用力、内与外取得一个"紧绷、平衡"的状态。张力的平衡现象亦如水珠表面凸起欲破而未破的饱满欲滴的力平衡现象，如图7-62所示，以一种逼人的饱满度让人感觉到一种紧张、兴奋、激动、心潮澎湃，这也是水珠的张力带给我们的感受。图7-63则是汽车造型设计中，通过水珠形态和水的张力的活学妙用，营造出液态金属的委婉之美和柔性的张力之美。

图7-62 水珠饱满欲破未破透入而出的形态张力

图7-63 液态金属委婉流畅荡漾出一种柔性的张力

　　从某种程度上说，看一部影视作品有没有张力，实际上是在说我们对它有没有一种心灵上的契合，当你看到一段情节、一个事物，你的注意力被调动起来了，你为她担心，为她感动，为她流泪，为她紧张，那么这就是作品张力的力量显现，这就是所谓的"无尿点"；如果你昏昏欲睡，脑子溜号，起来上厕所，那就是这件作品艺术张力的缺失。张力是内涵将要突破形式的那个临界点，浓一分不能，淡一分不行。一览无余的直白与松散都构不成张力，而是要在矛盾与冲突的对立统一基础上，由不和谐的元素组成和谐的新秩序。张力是一种生命的力量，是冲突的积累，是在爆发前的一种临界点状态，是蓄而不发、蓄势待发，是弓箭满弓拉开，即将飞射而出的力量，就如图7-64一样。

　　当你看一台车的造型时，如果它让你感受不到一点激动、兴奋、紧张，让你没有驻足欣赏的冲动，那就是造型张力的缺失，如图7-65所示。张力之于造型，之于模型，有面本身紧绷、舒缓传递出来的张力，也有线条多变或者力度大小传递而来的张力，但更多的是由面与面的矛盾、冲突，线与线之间的交织穿插，空间的错位，不同单位的体量对比等诸多因素形成的。这些貌似不和谐的元素却组成了和谐的新秩序，感觉矛盾对立，却又做到了统一协调，进而迸发出造型的张力。在美剧中，冲突和矛盾这对张力的小兄弟一般都是贯穿始终，让人时刻紧张兴奋，让你喘不过气却又舍不得离开，令你"全程无尿点"，这就是张力的巨大艺术感染力。所以模型设计上想要张力的话也需要营造矛盾、冲突、对立，然后再把这些貌似冲突对立的造型元素通过艺术手法调和到一个和谐的整体中，形成张力。具体到造型上，比如正形与负形的对立、直线与曲线的冲突、厚重与单薄的对比等。造型上比较忌讳线条力度的缺失、曲面的过分直白与平淡、形体的体量空间的微弱,这些都会让张力消失。造型不能像是白开水,让人看了就忘,要用张力撞击观者的心灵,让他感受到造型的生命,像法拉利、兰博基尼、布加迪无不是张力的优秀案例,且不谈这些一代名车,就说和普通大众比较接近的新君威 GS。如图7-66所示,新君威 GS 的雾灯竖直排列与前照灯和格珊的横向元素,形成极其矛盾的视觉对比效果,在视觉冲击力极强的优雅造型中注入时尚跑车元素,线条饱满流畅,突显雕塑般运动美感,刚劲硬朗的肩线与饱满简洁的型面环绕交织在一起,组合出运动、雄健、充满力量感的视觉张力,为其添加跑车般的视觉效应,昭示着驾驭的凌厉快感,而 Fast Back(快背式流线型)车身设计、跃跃欲试的运动激情招之即来,无不让人感受到强烈的运动张力。

图7-64 满弓透出即将飞射而出的张力

图7-65 像被内在骨骼撑出来的形态,张力无与伦比

图7-67所示作品名为《Expansion》。艺术家写道:"从我们出生的那一刻起,世界就好像为我们设定了一个刚好容纳我们的空间:社会保险号码、性别、种族甚至是智商的高低。我觉得人生往往被这些东西所限定,而非由内在的自己所决定。如果我们超越了这些框架,我们是否还能认识自己?如果不被任何所限,我们是否还会存在?我们是否想过突破这些限制,寻找真正的自己,寻找到那个内心里想要的自己"。无论是作品本身还是艺术家口中所述,无不充满了张力,充满了一种生命即将突破的张力。

图7-66 新君威GS运动、充满力量速度感的视觉张力

图7-67 由内而外迸发出"破"的张力

图 7-68 所示打结的枪膛位于联合国总部大厦入口处,由卢森堡政府赠送的,弯曲打结的枪管表示了人们对非暴力的向往。图 7-69 所示美国雕塑家 Zenos Frudakis 的作品,作品表达的语言是:"我们都要为挣脱种种束缚而努力,让心灵自由飞翔,从一个空间去到另一个空间。"像在文学、艺术相关的评论中,张力实际上指的是作品的艺术表现力、艺术表现程度。作品的优劣程度将决定其艺术表现力的高低,越优秀的作品越容易感动人,张力也就越大,两者呈正比。如图 7-70、图 7-71 所示怀素和张旭的草书的行云流水的书法艺术品,视觉上给人极强的冲击力,具有明显的向外扩张感,书法的张力让你即刻从中感受到。

图 7-68 《枪》

图 7-69 新的生命

图 7-70 怀素的草书

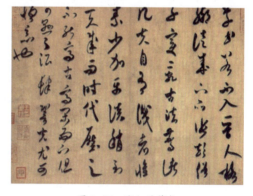

图 7-71 张旭的草书

张力犹如一个人的生命状态,我们经常形容一个人的生命很有张力,生命的张力可以是炙热的、激情的、饱满的,也可以是柔和的、朴实的、恬静的,这个人可以是积极活跃的,也可以是沉默安静的,但无论何种外在状态,他内心世界都是热爱生活、热爱这个世界的,爱他的亲人与朋友,内心饱含那份原始之爱的,旁人从他身上可以清晰地感受到生命的力量。而没有张力的生命,是空洞和死气沉沉的,如行尸走肉一般,那就是真正的沉默安静。张力之于人更多的是一种内在气质的修炼呈现出的外在力量,之于模型更多的是点、线、面、体相互之间通过冲突、对比、矛盾所营造构成的力。

　　笔者欣赏那些无论顺境还是逆境都能活出生命张力的人，他们无论在哪个行业、哪个领域、哪个职位，都能活出一个普通人、平凡人的生命激情。在创作本书的漫长过程中，多少次因为各种原因打断，想要放弃，加上天生厌恶电脑，却不得不长时间面对电脑写稿，令我多次近乎崩溃，但生命的那一点点力量在此时支撑着笔者，一直希望自己的模型师生涯是有一些沉淀的，唯这个简单愿望令我一直坚持了405天整，终至本书完稿，我想这也可算作是生命的一种张力吧！

　　笔者希望看过本书本章节的模型师在未来对待自己所做的任何一台模型，或者任何一份工作，都能具有对待艺术品那样的钻研态度和较真精神，把你们强烈的生命激情传递到你的作品你的模型上，用生命的严肃去对待每一天，相信终有一天，在不知不觉中，这个世界和你自己都将会被你身上所散发出来的力量所感动！

第八章　模型师的培养与发展

　　一些培养设计师的学校如著名的 ART CENTER、斯图加特设计学院、英国的皇家艺术学院等，已经成为诞生汽车设计大师的摇篮和青年设计师向往的修炼圣地，但与之匹配的模型师队伍的发展却非常不足，主要是靠各公司师傅带徒弟的模式，培养机制没有形成专业化和系统化。整个国际上也只有日本一所院校开设有模型专业。在中国，若非要扯到院校系统培养的话，就不得不提景德镇陶瓷学院，以前中国的模型师行业队伍专业知识参差不齐，许多从业人员并不具备美术功底，这对于行业的发展和最终的设计质量影响较大。十几年前泛亚与大众率先开启了一个先例，从景德镇陶瓷学院的雕塑专业和陶艺专业的学生中，招收了一批毕业生，到公司专门从事汽车油泥模型工作，掀起了专业人做专业事的风潮。难得的是这股风潮迅速影响了几乎所有的中国汽车设计公司，它们也纷纷跟进效仿，现在该校毕业生已经遍布中国各大汽车设计中心，使景德镇陶瓷学院间接变成了中国汽车油泥模型界的 ART CENTER，为中国汽车业和油泥模型业的发展做出了积极的贡献。与此同时，一些院校也意识到油泥模型对于汽车设计的重要性，正在筹划开设或已经开设《汽车油泥模型》这门课程，据笔者所知中央美院、清华大学、同济大学在这方面一直在行动。

　　笔者觉得模型师的培养应该包括两个方面的含义：其一，技能的学习和创造，这可以说是当下模型师学习内容的最主要部分，从这点出发，骨架的制作、高光的塑造、效果图的表现和一些模型工艺技法的学习就是模型师培养的重点；其二，则是建立在美学意义上对所谓艺术人生的塑造，素描、雕塑、设计构成、美学欣赏则成为该阶段学习的重心，培养模型师的设计素养和美学修养，寻求具有创造力的思维，探索新的造型方法、技巧和理论，从而大大提升模型师在汽车设计中的作用。

第一节　模型师的培养与发展

汽车油泥模型设计与制作水准的提高需要项目和时间的积累，艺术修养的跃升也需要岁月的沉淀，每辆新车的开发平均需要4到5年的周期，模型师为了更好地了解这个行业领域，最少要经历两次完整周期的车型开发，也就是在一家公司工作8到10年，才能说对汽车开发有比较清楚的认识，才能对专业发出比较权威的声音。当代汽车已不仅仅满足于代步工具，消费者的眼光和要求日渐提高，要在未来激烈的市场竞争胜出，车企研发的产品必须达到艺术品的高度。油泥模型作为汽车造型开发的一个重要环节，可以说在很大程度上影响着产品今后的市场欢迎度。

模型师培训在国内正处于起步阶段，极其需要把先进的行业知识带到学校去，中央美院、清华大学、同济大学、景德镇陶瓷学院已经开了个好头，他们已经积极开展了这方面的尝试，进行院校与公司之间的交流和培训，为后备人才的培养奠定了基础。同时模型设计也是一个创新思维的过程，需要不断地汲取更新设计艺术学的理论知识。模型师初级基础的培养主要通过向老师的学习，中级到高级的提升则更多地需要依靠自身的努力，笔者之前整理过一份模型师系统培训计划，在这里以供读者参考。

一、初级模型师的培养

先从几何体开始，就像素描学习也是从画石膏几何体一个道理，如前文所说："因为几何形体有明显的体面关系，用几何形体的概念去分解归纳或概括复杂的形体，是一个很有效的方式，从中可以体悟到先方后圆、方中有圆、圆中透方等美学法则。"另外，几何体的构成方式包含了所有的平面和曲面，对于工艺技法的练习和形体感的培养都是一个合适的媒介。几何体的练习看似容易，做起来还是有一定难度，比如立方体，要求每个面一样的高低长短、一样的水平度，一个面上的误差不能超过0.1mm，做好之后用三坐标仪检查。图8-1、图8-2为立方体模型的练习，图8-3~图8-5为圆柱体与圆锥体模型的练习。

图8-1　立方体练习

第八章 模型师的培养与发展

图 8-2 立方体做好后的检查（每个面误差不超过 0.1mm）

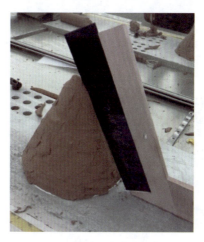

图 8-3 圆锥体练习

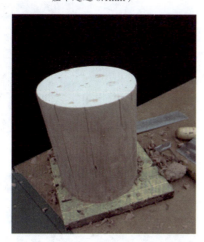

图 8-4 圆柱体练习

图 8-5 完成状态

接下来就是 1∶5 小比例模型的练习、C 柱和轮包的练习，如图 8-6～图 8-11 所示。小比例模型的练习能让新模型师快速熟悉和掌握各种工具的使用方法，学习到一些基本的工艺技巧，初步了解汽车造型和模型的制作工序。由于是新模型师，不能做太大的，1∶5 的大小比较合适。另外，之所以选取 C 柱和轮包作为练习，主要考虑 C 柱是几个面的交汇处，无论是形体本身还是高光的处理都比较有难度和针对性，轮包也是面的旋转变化比较微妙的地方，与周边型面衔接有一定的技巧性，也比较合适练习所用。

初级油泥模型师正式开展工作之前，需要熟悉和掌握的知识概念，还包含以下几方面内容。

（1）所需的工具材料及使用方法，基础工艺制作技能和涂装基础知识。

（2）效果图与线图的读图能力。

（3）油泥模型制作的步骤，项目开发基本流程和相应的节点要求。

（4）简单的机床加工知识，模型师的要求越来越多元化，需要一专多能，如图8-10、图8-11所示。

图8-6　1:5缩比模型的培训

图8-7　1:5缩比模型的培训

图8-8　C柱的练习

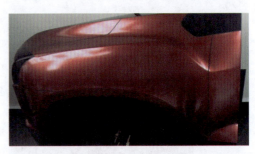

图8-9　轮包的练习成品

图8-10　多轴机床加工小比例模型

图8-11　多轴机床加工全尺寸

二、中级、高级模型师的培养

很多模型师只是关注于油泥方面的工作，这将大大制约自己职业发展的深度与广度，本书内容涉及很多油泥之外的一些东西，貌似不相关，实则息息相关、密不可分。本书的核心内容基本都是围绕着怎样才能成为一名高级模型师这个主题，主线脉络是由基础向高级，由技术向艺术升华，从小比例到全尺寸的制作，从型面到高光，从设计构成到雕塑理念，都是一个个必经的跨度，但还有非常重要的两点，就是艺术的熏陶和创造力的培养，这对于成为一名优秀的高级模型师

第八章 模型师的培养与发展

至关重要,这也是模型师未来能达到怎样高度的关键。

工作以外的油泥雕塑和绘画创作有利于培养模型师的感性认识,也是提高模型师素质的有效途径。通过作品把自己所学所悟体现出来,可以提高对造型的理解程度,对设计师的想法会有更多感悟,对图和设计意图能增加感性的认识,更好地促进创作热情。图 8-12 ~ 图 8-17 为泛亚模型师为了培养创造力和艺术感觉而进行的各种学习与创作,他们凭借着自己对造型艺术的理解与热爱,用灵巧的双手塑造出一个又一个生动的形象,图 8-18 ~ 图 8-37 为模型师所完成的作品。

图 8-12 泛亚模型师进行雕塑培训

图 8-13 泛亚模型师进行雕塑创作

图 8-14 泛亚模型师进行陶艺创作

图 8-15 陶艺的学习

图 8-16 木雕的学习

图 8-17　泛亚模型师素描写生　　　图 8-18　泛亚模型师雕塑作品（一）

图 8-19　泛亚模型师雕塑作品（二）

图 8-20　泛亚模型师雕塑作品（三）　　　图 8-21　泛亚模型师雕塑作品（四）

第八章 模型师的培养与发展

图 8-22 泛亚模型师雕塑作品（五）

图 8-23 泛亚模型师雕塑作品（六）

图 8-24 泛亚模型师雕塑作品（七）

图 8-25 泛亚模型师雕塑作品（八）

图 8-26 泛亚模型师雕塑作品（九）

图 8-27 泛亚模型师雕塑作品（十）

图8-28 泛亚模型师雕塑作品（十一）

图8-29 泛亚模型师雕塑作品（十二）

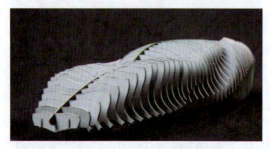

图8-30 泛亚模型师纸雕作品

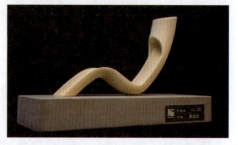

图8-31 泛亚模型师木雕作品（一）

图8-32 泛亚模型师木雕作品（二）

图8-33 泛亚模型师树脂雕塑作品

图8-34 泛亚模型师皮具作品（一）

图8-35 泛亚模型师皮具作品（二）

第八章　模型师的培养与发展

图 8-36　泛亚模型师陶艺作品（一）　　图 8-37　泛亚模型师陶艺作品（二）

三、模型师的其他要求

除了以上内容之外，对于要成为一位高级模型师，在工作上还有如下一些额外要求：能很好地安排项目时间进度，制订工艺流程，带领团队有计划有组织地工作，协调各方面问题，保证项目的顺利实施，另外，像模型的前期准备，车身姿态的调整，模型的最后展示，这些都应该被当作模型的整体工作来对待，这些方面的考量都是模型师初级和高级的区别所在。

有很多人问过笔者一个问题，怎么区分模型师的水平高低，怎么衡量他们的能力级别？如果非要区分的话，大概可以分为：六个级别与四个层次。

六个级别主要包括：

（1）初级——刚入行不久，只能做简单的模型工作。

（2）初中级——能与人合作或者单独完成小比例模型。

（3）中级——能与人合作一起完成 1∶1 模型上的部分工作。

（4）中高级——能自己独立完成 1∶1 模型上车头、车尾甚至大侧面的工作。

（5）高级——能够高效、高质量地独立完成车身大面的工作以及整车模型的质量控制，同时懂得绝大部分与模型相关的行业领域知识，并能有效地帮助指导他人。

（6）专家级——不仅能自己独立完成模型上的任何工作，还能够带领团队完成全新车型的开发，能很好地把控模型的质量和进度，组织好所有工作，尤其在制作工艺、流程体系方面经常有所创新。

四个层次主要包括：

（1）第一层——3到5年的学艺阶段，学习各种工艺技法和汽车基础知识。

（2）第二层——学艺成功之后，能在设计师的要求之下，表现出效果图和草图的内容。

（3）第三层——在理解设计意图之后，能额外地给予设计师正面有效的建设性意见，主动地帮助设计师优化并提升他们的创意和想法，在拥有扎实的专业技能之外，还拥有一定的设计、美学素养。

（4）第四层——既能高质量地处理好模型上的任何工作，又能站在设计师的角度思考方案并优化实现；能抓住设计师心中的丁点创意和瞬间灵感，具有把星星之火发扬光大的能力；除了模型输出，还能给予设计输出，既是模型师，更是真正的三维设计师。

第二节　模型师的 3.0 时代

1.0 时代——从模型师这份职业诞生到 20 世纪七八十年代。这个时代的模型师是最传统、最纯粹的模型师，几乎所有环节的工作都是通过双手完成，模型师这份工作的乐趣与价值意义在这个时代也得到了最为酣畅淋漓的体现。

2.0 时代——从 20 世纪七八十年代开始到特斯拉新能源车的横空问世。之所以把时间点设定在特斯拉的出现，那是因为我们知道，纵观汽车发展百余年历史，任何一次变革必定是因为某项重大技术或能源的巨大突破而产生的连锁反应。20 世纪七八十年代，计算机辅助设计技术在汽车开发行业广泛应用，由设计师提供效果图，采用 CAS 进行二维和三维创意构建车身表面数字模型，通过动画渲染、EVC 虚拟现实展示，然后用数控铣机床加工出车身模型内芯，表面再采用手工造型及优化细节，最终在模型表面贴膜或喷漆，完成模型展示。这个时代的模型师借助于计算机数字技术与数控机床的帮助，在很大程度上缩短了汽车开发周期，同时也减轻了模型师的工作量，使模型师可以把更多的时间和精力用在设计思想的表达上，更专注于造型设计方案的细节完善及整体造型效果的完美追求。而特斯拉的出现意味着新一轮能源革命的开始，这项巨大的变革必定会产生多米洛骨牌效应，必将对汽车开发的其他环节产生重大影响，只是有个时间差的滞后反应，油泥模型这个环节也将难以独善其身，置身这场变革之外。

3.0 时代——从新能源新技术的革命性变化开始，就已经徐徐揭开了 3.0 时代的帷幕。面对数字化以及新能源、新材料、无人驾驶等高科技革命的冲击，未来车型开发的着重点必将发生颠覆性的改变，比如风洞的要求可能降低、之前工程技术不能实现的车身造型问题开始得到解决、造型曲面有可能极度夸张、手工介入的程度开始减少……模型师如何定义新时代模型师的角色，值得每位同仁深刻思考，多少行业充分证明了只有走在时代前面，与时俱进才能避免被淘汰的命运！

这里笔者从模型师的深度与广度两个方面简单论述应对之道，希望起到抛砖引玉的作用！

深度方面：油泥模型师水平的高低，直接影响到设计方案的质量和进度，造型方案的最终效果无论好与坏，模型师都有着重要关系，这里所指的"好坏"不是单纯意义上的模型质量，更主要指模型的设计质量。新时代的模型师，他应该不单提供技术的帮助，同时他还能给予设计师设计的帮助，未来时代的模型师数量上有可能减少，但专业能力与综合能力上要求更高，只有称得上真正的三维设计师的模型师才更有机会立足，这"设计"二字，不是随便就能担当的，它需要模型师在模型制作过程中，投入更多的设计成分，而不只是一台"工具"，只会被动地接受设计指令，而是有更多主动性的高质量的设计输出，从而影响并提升设计的最终结果。

广度方面：3.0时代的模型师必须是一专多能的，他不但需要精通油泥模型制作，还要能操作数控机床和独立构建数字曲面，不但懂得模型技术，还有相当的美学素养与设计造诣。某种意义上说，他不单是模型师，他还是设计师和工程师。

最后在提高模型设计与制作水平方面，有几点意见与大家分享。

（1）多想。模型师首先必须善于思考，对模型设计和制作工艺有自己的想法和理解，这是最重要的。别担心你的想法有多"烂"，没有人能一下子就成功，油泥模型有一个好处就是可以不停地进行实验，而且立体化呈现，不好可以改掉重来，大胆地摸索和尝试自己的想法，保持一个良好的习惯和态度，你将会逐步看到自己的进步。

（2）多看。多上汽车杂志、汽车网站上看车，多看高手做模型的过程，多看其他公司其他国家的模型作品，多看美的艺术作品和一切与美有关的东西！培养自己的艺术欣赏水平，提高设计能力。不要走马观花地看，需要结合专业知识边看边想。模型师需要保持对美的敏感度，这需要有丰富的知识和见识，这就靠平时生活中主动的积累。要成为顶级模型师，仅仅精通模型，远远不够，更需要关注了解学习其他领域，拓宽自己的知识宽度。

（3）多问。学会交流，不懂就问。笔者发现大部分模型师性格都比较内向，不是很善于言辞，但懂得如何与人沟通交流，也是每个模型师必须掌握的课程。做模型不是一个人的工作，模型师时刻需要与设计师、工程师沟通，与同行切磋交流，更需要向前辈请教，说不定哪天对方的某一句话就能让你豁然开朗，脑洞大开。沟通不畅，不善于提问，会产生很多问题，模型设计制作不是闭门造车，只有善于交流的模型师才能更好更快地提高自己。

（4）多做。只有反复地、大量地制作模型，才能不断地提高模型制作与设计的能力，做得越多，提高得越快，这是没有什么捷径可走的，必须踏踏实实地来。当然如果练习的时候不思考只会事倍功半，就像学画一样，不光要用笔画，更需要多动脑。

（5）勤奋。模型师不是一份轻松的职业，严格来说是非常辛苦的一份职业，但如果把这份辛苦的汗水化作了有价值的输出，那它就会是一份很开心的职业。

模型师需要勤奋，需要耐得住寂寞，需要有一站就是一天，废寝忘食加班到深夜，不做到让自己与客户满意决不罢休的这股精神，这样才能日臻提高你的技术水平。

（6）坚持。三五年的模型师在这个行业都算是新人，模型师不像设计师靠青春脑力吃饭，模型师是越老越值钱，越老价值越高，模型不是一朝一夕就能成功的，只有时间和项目的积累，才能拥有出色的设计与制作水平。既然选择了模型师这个职业，就要有耐心，努力做到出色，虽然过程中会遇到很多辛酸经历，困难挫折，但不要退缩与放弃，没有这些，你的能力如何成长？你的经验如何获得？你需要做的是忘掉它们，朝前看，自信地坚持走下去，你的脚步总有一天会踏上平坦的道路，到那时，成功就在彼岸！

最后想到个问题，希望与读者共勉！设计师代表创意，但只是代表创意吗？模型师代表技术，但只是代表技术吗？如果设计师还能做模型，那他不得了；如果模型师也擅长设计，那更不得了！可知道米开朗基罗、达·芬奇、罗丹既是杰出的雕塑家也是优秀的设计师？那么模型师的蓝天该是怎样的呢？

图 8-38　模型师的蓝天是怎样的呢

附　　录

　　世界已然是一个地球村，中国汽车开发更离不开世界的舞台，当下国内模型师和外国设计师、工程师接触的机会越来越多，英语也就成了一个无法回避的课题，许多国内模型师的英语却成了束缚其职业发展与日常工作的一道瓶颈，但逃避不是办法，攻克并掌握是唯一的途径，最起码一些日常用语及专业用语是需要标配的，笔者把自己在多年工作、学习过程中，搜集整理的一些专业常用语，在这里做了一个图文和表格汇总，以飨读者。

附录1　汽车部件图文对照

一、Front View/ 前视图

二、Profile/ 侧视图

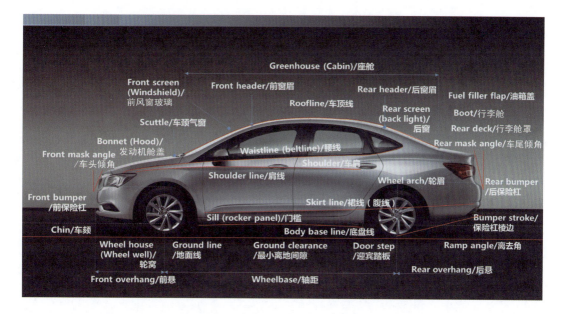

三、Rear View/ 后视图

四、Top View/ 顶视图

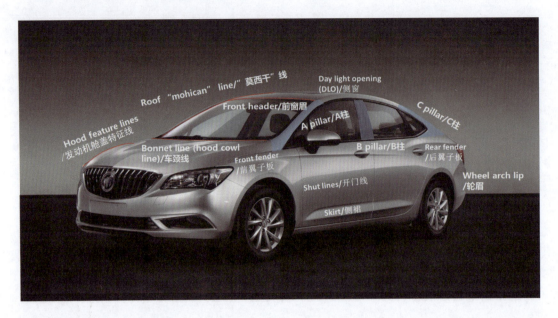

五、Dash/ 仪表台

六、Seats/座椅

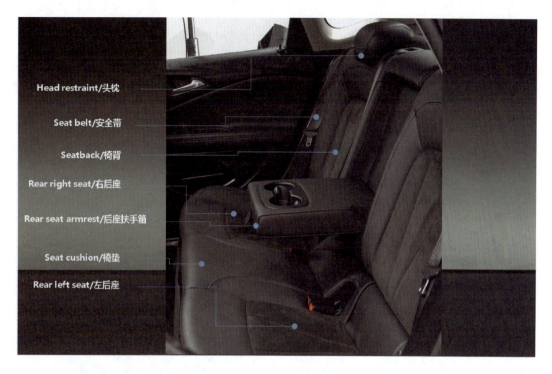

七、Belt Line/腰线

贯穿侧窗下部车身的水平带状区域的造型线，也即侧窗玻璃下边缘线，用来分离顶棚区和车身下部。

八、Shoulder Line/肩线

指侧面钣金造型特征线，为车肩区域下边缘线（国内有些公司以及一些汽车杂志媒体把腰线和肩线均统称为腰线，无肩线一说）。

九、Dash-to-Axle/ 车颈长度

车身通用设计的关键参数，指侧视图上防火墙与前轴中心的距离。

十、Fire wall/ 防火墙

简单说来就是发动机舱与乘员舱之间的那道隔板。

十一、Skirt Line/ 裙线、腹线

指车门下部造型特征线，Skirt 为地板以下侧围，也指改装车下部裙状覆盖件，一般来说长而贯穿者为裙线，短而上扬者为腹线。裙线以下车身为车裙。

十二、Side Skirt/ 侧裙，Front Skirt/ 前裙，Rear Skirt/ 后裙

附录 2 汽车设计专业术语中英文对照表

一、外饰部件

外饰部件中英文对照表　　　　　　　　　　　附表 2-1

1	axes	轴	32	luggage compartment	行李舱
2	body accessories	附件	33	luggage rack	行李架
3	belt line	窗线	34	molding	装饰条
4	back mirror	后视镜	35	profile	断面
5	badge/logo/emblem	标牌	36	pillar	立柱
6	cutter/opening line	开缝线	37	parting line	分界线
7	chrome	镀铬	38	quarter panel	侧围板
8	cowl panel	车罩通风板	39	quarter window	侧窗
9	deck lid	行李舱罩	40	rear window glass	后风窗玻璃
10	door ventilation glass	角窗	41	roof drip channel	流水槽
11	door opening line	门缝线	42	roof panel	顶盖
12	door handle	门把手	43	rear door	后门
13	door lock	门锁	44	rock panel	门槛
14	exterior trim	车外饰	45	reflector	反射碗
15	engine hood/hood	发动机舱盖	46	rear lamp	尾灯
16	exhaust pipe	排气管	47	roof	车顶
17	front wall	前围	48	side lamp	侧向灯
18	fender	挡泥板	49	side panel/body panel	侧板
19	flange	翻边	50	seal	密封条
20	firewall	前围挡板	51	side wall	侧围
21	fuel filler lid	加油口盖	52	tire	轮胎
22	fog lamp	雾灯	53	trunk lid	行李舱罩
23	front bumper	前保险杠	54	trunk	行李舱
24	front door	前门	55	ventilator	通风装置
25	garnish	装饰件	56	waistline	腰线
26	grille	散热器罩	57	windscreen	前风窗玻璃
27	garnish	牌照装饰条	58	wind screen glass	风窗玻璃
28	glass	玻璃	59	window	窗
29	head lamp	前照灯	60	window regulator	玻璃升降器
30	license plate	牌照板	61	wiper	刮水器
31	lenses	灯罩	62	wheel arch	轮包

二、内饰部件

内饰部件名称中英文对照表　　　　附表 2-2

1	air conditioner	空调	30	glove box	杂物盒
2	air vent	出风口	31	hand brake	驻车制动器
3	air vent	出风口	32	hand pull	拉手
4	assist grip	扶手	33	handle	手柄
5	ash receptacle/ashtray	烟灰缸地板梁	34	headrest	头枕
6	ash tray	烟灰缸	35	head room	头部空间
7	arm rest	扶手	36	headliner	顶盖内饰板
8	air bag	安全气囊	37	heater	暖风装置
9	button	按钮	38	inner door handle	内开手柄
10	boot/cover	罩	39	IP instrument panel	仪表板
11	brake pedal	制动踏板	40	inner rear view mirror	内后视镜
12	cigar lighter	点烟器	41	interior trim	内饰车身
13	child restraint system	儿童约束装置	42	ignition	点火开关
14	console	副仪表板	43	map pocket	地图袋
15	cluster meter	组合仪表板	44	pad	衬垫
16	cup holder	杯托	45	pedal	踏板
17	door trim	门内装饰板	46	passenger shelf	后座椅物件隔板
18	defroster	除霜口	47	roof panel	车顶内板
19	door inside lock knob	门锁按钮	48	radio/cd	收音机/cd
20	door inner trim	车门板内饰	49	seat	座椅
21	driver compartment	驾驶区	50	seat belt	安全带
22	firewall	防火墙	51	speaker	扬声器
23	floor carpet	地毯	52	shift knob	换挡手柄
24	floor tunnel	中央通道	53	steering wheel	转向盘
25	folding seat	折叠椅	54	steering wheel colume	转向盘管柱
26	floor tunnel	地板通道	55	steering wheel colume cover	转向盘管柱罩
27	foot room	脚步空间	56	safety bellow	安全气囊
28	glove box	手套厢	57	seat ancher point	车椅固定点
29	gear shift	换挡杆	58	step plate	踏脚板

三、造型常用形容词

造型常用形容词中英文对照表 附表2-3

1	aesthetics	美学的	29	amber	琥珀色
2	aggressive	张扬的	30	angular	棱角分明的
3	appealing	有吸引力的	31	avant-garde	前卫的
4	classic	经典的	32	compact	紧凑的
5	concave	凹的	33	conservative	保守的
6	conventional	常规的	34	current	当前的
7	distinctive	与众不同的	35	dynamic	动感的
8	elegant	优雅的	36	elaborate	精致的
9	embedded	嵌入的	37	exquisite	精致的,细腻的
10	fashionable	时尚的	38	fresh	新颖的
11	gloss-black	亚光黑	39	high gloss	亮光的
12	ice blue	冰蓝	40	jet black	乌黑
13	layered	层次感的	41	luxurious	奢华的
14	low golss	哑光的	42	low-slung	低矮的
15	mature	成熟的	43	metallic	金属的,金属制的
16	out of style	过时的	44	piano black	钢琴黑
17	plush	豪华的	45	protuberant	凸起的
18	premium	高档的	46	retro	复古的
19	recch	创新的	47	refined	优雅的
20	raked	倾斜的	48	round	圆润的
21	simple	简约的	49	sleek	时髦的
22	spacious	宽敞的	50	spacious	宽敞的
23	sporty	运动感的	51	streamlined	流线型的
24	stylish	时尚的	52	symmetrical	对称的
25	traditional	传统的	53	tilted	斜的
26	understated	低调的	54	upscale	高档的
27	visual	视觉上的	55	wedge-like	楔形
28	youthful	年轻的	56	low-grade	低档的

四、车型

车型中英文对照表　　　　　　　　　　　　　　　附表 2-4

1	sedan	轿车	7	roadster	敞篷车
2	limo	房车	8	station wagon	小旅行车
3	limousine	豪华轿车	9	truck	载货汽车
4	drophead	活动车篷汽车	10	compact car	小型汽车
5	racing car	赛车	11	light-van	小型货车
6	coupe	跑车	12	suv	越野车

五、工程术语

工程术语中英文对照表　　　　　　　　　　　　附表 2-5

1	collision	碰撞，干涉	8	hardware	机构件
2	dismantle	拆卸	9	bolt	螺钉
3	locator	定位孔	10	rib	加强筋
4	bracket	托架	11	seal	密封件
5	gangway	通道	12	striker	锁口
6	glass run channel	玻璃导轨	13	support	支架
7	guide	导向槽	14	floor	地板

六、行车常用语

行车常用语中英文对照表　　　　　　　　　　　附表 2-6

1	weight	重量	14	stroke	行程
2	length	长度	15	coolant	冷冻剂
3	width	宽度	16	lubrication	润滑油
4	height	高度	17	dashboard	仪表板
5	wheelbase	轴距	18	odometer	里程表
6	front track	前轮距	19	speedometer	速度计
7	rear track	后轮距	20	gauge	油表
8	ground clearance	最小离地间隙	21	number plate	车牌
9	displacement	排量	22	rear door	后门
10	valves	气门	23	jack	千斤顶
11	horsepower	马力	24	diesel	柴油
12	torque	扭矩	25	emissions	汽油废气
13	bore	汽缸直径	26	fefuel	加油

七、汽车术语

汽车术语中英文对照表　　　　　　附表 2-7

1	engine compartment	发动机舱		30	transmission type	变速方式
2	body on primer	涂装车身		31	body material	车身材料
3	body skeleton	车身骨架		32	suspension	悬架
4	body mounting	车身悬架		33	front suspension	前减振器
5	cross member	横梁		34	rear suspension	后减振器
6	door frame	门框		35	brakes	制动
7	door latch	门锁		36	front brakes	前轮制动
8	door opening	门洞		37	rear brakes	后轮制动
9	emergency door	安全门		38	ventilated	通风管
10	integral body	承载式车身		39	first gear	一挡
11	intrusion beam	车门防撞梁		40	second gear	二挡
12	main body	车身本体		41	reverse	倒车挡
13	semi-integral	半承载式车身		42	two-stroke engine	二行程发动机
14	engine location	发动机置放		43	diesel	柴油机
15	drive type	驱动方式		44	four-wheel drive	四轮驱动
16	gears	挡位		45	front-wheel drive	前轮驱动
17	weight	重量		46	stroke	行程
18	length	长度		47	coolant	冷冻剂
19	width	宽度		48	lubrication	润滑油
20	height	高度		49	dashboard	仪表板
21	wheelbase	轴距		50	odometer	里程表
22	front track	前轮距		51	speedometer	速度计
23	rear track	后轮距		52	gauge	油表
24	ground clearance	最小离地间隙		53	number plate	车牌
25	displacement	排量		54	rear door	后门
26	valves	气门		55	jack	千斤顶
27	horsepower	马力		56	diesel	柴油
28	torque	扭矩		57	emissions	汽油废气
29	bore	汽缸直径		58	refual	加油

八、材料和工具

材料和工具中英文对照表　　　　　　　　　　　　　附表 2-8

1	clay	油泥	16	plastic	塑料
2	foam	泡沫	17	ABS board	ABS 板
3	glue	胶水	18	paper	纸张
4	spray adhesive	喷胶	19	frame	骨架
5	tape	胶带	20	height gauge	高度尺
6	steel slice	钢片	21	layout machine	三坐标测量仪
7	wire	凹型刮制工具	22	ruler	尺子
8	rake	耙子	23	saw	锯子
9	triagle	三角	24	hotair gun	热风枪
10	dinoc	膜	25	screw driver	螺丝刀
11	foil	金属膜	26	knife	刀
12	wood	木头	27	brush	刷子
13	craft board	木板	28	cloth	布
14	paint	油漆	29	water	水
15	thinner	稀释剂	30	water gun	水枪

九、其他相关的词汇

其他相关的词汇中英文对照表　　　　　　　　　　附表 2-9

1	typical section	典型断面	16	clear	清楚的，透明的
2	tape drawing	胶带图/线图	17	view	视图
3	sketch	草图	18	another	另一个
4	rendering	效果图	19	top view	俯视图
5	black	黑	20	side view	侧视图
6	tool	工具	21	front view	前视图
7	clean	干净/清理	22	rear view	后视图
8	machine	机床	23	feature line	特征线
9	scan	扫描	24	sharp	尖锐的，锋利的
10	part	零件	25	strip	条
11	mockup part	样件	26	wide	宽的
12	carry over parts	沿用件	27	narrow	窄的
13	put on	添加	28	continue	连续的
14	take off	去除	29	draft	草图
15	gride line	网格线	30	draft angle	拔模角

续上表

31	perspective	透视	71	vertical	垂直的
32	even	平均，连贯	72	right angle	直角
33	straight	直的	73	angle	角度
34	bend	弯曲的	74	negative	否定的，反凹的
35	mirror copy	镜像拷贝	75	approach	过渡
36	step by step	一步一步	76	silver	银色
37	double	双，两倍	77	a little bit	一点点
38	boundary	边界	78	flat	平坦的
39	edge	边缘	79	high	高的
40	ball	球	80	low	低的
41	protect	保护	81	big	大的
42	check	检查	82	small	小的
43	time	时间	83	correct	正确的
44	on time	准时	84	wrong	错误
45	leather	皮革	85	cross	交叉，十字
46	skin	外表面	86	quick	快
47	texture	纹理	87	slow	慢
48	flush	齐平	88	positive	凸起的
49	under	在什么之下	89	position	位置
50	gap	间隙	90	coordinates	坐标
51	control	控制	91	coordinates system	坐标系
52	arc	弧	92	up	上边
53	smooth	光顺	93	down	下边
54	feeling	感觉	94	left	左边
55	touch	触摸	95	right	右边
56	piece	片，块	96	front	前方
57	round	倒角，圆	97	rear/back	后
58	line	线	98	side	侧面
59	curve	曲线	99	millimeter	毫米
60	surface	曲面	100	meter	米
61	point	点	101	centimeter	厘米
62	step	台阶	102	red	红
63	curvature	弯曲，曲率	103	green	绿
64	tangent	相切	104	blue	蓝
65	interference	干涉	105	shape	形状
66	balance	平衡	106	move	移动
67	proportion	比例	107	copy	拷贝
68	highlight	高光	108	measure	测量
69	intersect	相交，交叉	109	data	数据
70	parallel	平行的	110	section	断面线

后　　记

　　至此，汽车油泥模型设计与制作的介绍就告以结束。随着时代的进步，油泥模型制作的方法也在不断地更新，但是不管技术怎么改变，对于模型师的核心要求却永远不会变——"技术、美感、责任心、想象力"，这些是每一位模型师的必修课。网络上有句话说得好："鸡蛋从外往内打破是食物，从内往外打破就是生命！"人也是如此，从外打破是压力，从内打破就是成长，如果等待别人从外打破你，那么你就注定成为别人的食物！在风云际会日新月异的当下，模型师如果不能与时俱进，跟不上时代变革的话，被淘汰是随时随地就可能到来的，这种被淘汰有可能是某位模型师，也有可能是整个模型师群体和这个行业，但如果模型师用自己的价值充分证明了自己的不可或缺，那事情就是另外一种局面了。未来哪怕汽车开发过程中只剩下一个环节、一个步骤需要模型师，那模型师也要证明这仅有的一步也只有最专业的我们才能完成，才能做到最好，换了任何人、任何设备都替代不了。

　　自工业文明以来，传统手工艺逐步被边缘化，甚至许多具有悠久历史的传统手工艺也已消失。但进入21世纪以来，在工业文明高度发达的今天，人们却越来越发现手工艺的弥足珍贵，越来越重视保护，许多国家开始拨大量专项资金和专业人员拯救、呵护、发扬光大传统手工艺。观念一直都是在变化的，十几年前，数字模型飞速发展的时代，那些叫嚷着用数字替代手工艺模型的人，未来是否也会改变这种观念呢？我们不得而知，时间会有答案，你只需知道，我们可是玩手工艺的。

　　关于模型师这个职业的未来，记得有次风洞试验深夜归来，在与同车的风洞试验工程师聊天时笑谈道：不久的将来新能源技术成熟运用之后，人们估计不再如此重视风阻系数了，风洞试验这个职业将岌岌可危，然后话题回到模型师身上，我们一致的答案是，就算新能源车、无人驾驶遍布天下，但对美的追求是人的天性，漂亮的车永远是人们的最爱，有设计有造型需求就会有模型师存在的理由。

　　做模型师的十几年，笔者一直深深地为自己能从事这份手工艺职业而感到万分自豪，我曾对我的团队讲到："你们看全泛亚有三千多位工程师，两百多位设计师，但模型师只有我们区区三十几位，你再放眼全中国、全世界，工程师、设计师与模型师的比例，你们就会明白我们是多么的宝贵，我们是汽车研发界的大熊猫。在如此正统的工业环境中，我们这一群手工艺者却存在了近一个世纪而屹立不倒，我们不自豪不骄傲，谁自豪谁骄傲？自然界所有生命的孕育，都离不开温度，汽车开发过程中也只有发动机和油泥这两个环节是有温度的，一个是内核的心脏，一个是造型的生命之源，可以毫不夸张地说——油泥和油泥模型师为冰冷的汽车机械赋予了温润的生命与灵性！

在现今如火如荼的中国汽车市场，在高歌猛进的正向设计开发时代，在中国汽车工业越来越重视自主研发的背景下，对模型师的重视与要求都在不断提升，模型师的舞台必将越来越宽广，每位模型师唯一需要做的就是不断提升自我，以待疆场驰骋！

每当听到沙沙的油泥刮削声，浮躁的心即刻能够忘掉一切沉静下来，这声音让笔者想起当年在画室中，素描铅笔在画板上发出的沙沙声，两者如出一辙。没有缘分把绘画当成毕生职业，却有幸握起了钢片这只画笔，殊途同归，万本同缘！在油泥上继续享受着这让人沉醉的声音，感恩上天的恩赐，热爱我的热爱！

谨以此书献给所有默默奋斗在汽车开发一线的油泥模型师和设计师们！

黄国林
2015 年 10 月

参考文献

[1] 山田泰里 .Clay Molding-Technigues for Giving Three Dimensional Formto Idea[M]. 东京：株式会社三荣书房 .1997.

[2] 东方颓 . http://blog.sina.com.cn/u/209978585.